『清水出芙蓉，天然去雕饰』，东山岛是一个原始、美丽、干净的天然海岛，自然景观神韵天成，是人们心中『诗和远方』的必去打卡之地，是一个『天然影棚』

有时星光 有时月光

王彩平 著

国家行政管理出版社
NATIONAL ADMINISTRATION PRESS

图书在版编目（**CIP**）数据

有时星光　有时月光 / 王彩平著 . — 北京 : 国家行政管理出版社 , 2021.6（2021.7 重印）

ISBN 978-7-5150-2543-8

Ⅰ . ①有… Ⅱ . ①王… Ⅲ . ①散文集 — 中国 — 当代 Ⅳ . ① I267

中国版本图书馆 CIP 数据核字（2021）第 094890 号

书　　名　有时星光　有时月光

YOUSHI XINGGUANG YOUSHI YUEGUANG

作　　者　王彩平　著

责任编辑　陆夏　刘锦　谢伦

出版发行　国家行政管理出版社

（北京市海淀区长春桥路 6 号　100089）

综 合 办　（010）68928903

发 行 部　（010）68922366　68928870

经　　销　新华书店

印　　刷　北京盛通印刷股份有限公司

版　　次　2021 年 6 月北京第 1 版

印　　次　2021 年 7 月北京第 2 次印刷

开　　本　185 毫米 ×260 毫米　16 开

印　　张　18.5

字　　数　248 千字

定　　价　78.00 元

前 言

按照惯例，2020 年春节过后，我们就应该出发去挂职。殊不知，2019 年 12 月，新冠肺炎疫情不期而至，出发的日子，只能等疫情过去。而这一等，就是半年，直到 7 月 20 日，我们去福建省漳州市挂职的一行三人才成行。登机之后，莫名忐忑，想象不出，挂职期间究竟会遇到什么样的人，会经历什么样的事。

直到我们进了东山岛，真正开始挂职生活，这里的一切才变得清晰起来，雯彬[①]说，你从“山的女儿”变成了“海的女儿”。确实如此，与大海的近距离接触，与海岛生活的近距离接触，与海洋文化的近距离接触，为从大山中走出来的我带来如此陌生的体验和如此真切的感受，极大程度地拓展了我一直以来以“黄土文明”为中心的世界观。

如果有人问，挂职的体会是什么，我只想说，我是如此幸运，遇到了东山岛，遇到了岛上的那些人，经历了岛上的那些事。

东山岛有得天独厚的自然赋予，天蓝水碧海湾美，沙白林绿岛礁奇，拥有 248 平方千米的葱茏大地，162 千米的风情海岸线，10 多个月牙形海湾湾湾相连，66 个独具特色的离岛星罗棋布，是北回归线附近极具魅力、极其稀缺的旅游海岛，被誉为全国十大美丽海岛第一名；获评全国“绿水青山就是金山银山”实践创新基地、中国最具投资潜力特色示范县、全国首批海洋生态文明示范区等国家级荣誉。

---

① 钟雯彬，中共中央党校（国家行政学院）应急管理培训中心党总支专职副书记。

“清水出芙蓉，天然去雕饰”，东山岛是一个原始、美丽、干净的天然海岛，自然景观神韵天成，是人们心中“诗和远方”的必去打卡之地，是一个“天然影棚”，影视剧导演、摄影师、发烧友们对这里情有独钟，先后有60多部影视剧在岛上拍摄。《西游记》片头的海岸风光取景于东山岛，杨洁导演说，她第一眼看到东山岛，就被这儿的狂风巨浪所吸引，孙悟空出生后，出海寻仙，正是需要这样呼啸奔腾，白浪滔天的场景。新中国第一部科幻片《珊瑚岛上的死光》，以及《海之恋》《八仙过海》《谷文昌》《左耳》等影视剧，央视《记住乡愁》、湖南卫视《我们来了》等电视节目，也都将这里作为拍摄基地。

东山岛有积淀深厚的人文资源。东山关帝庙是全国四大关庙之一，关帝文化从这里走向世界，开枝散叶。东山关帝文化是独一无二的“帝祖”文化，岛上几乎家家户户都拜关公。习近平总书记每年发表新年贺词，身后的书架上都摆着一张他和妻子彭丽媛在东山关帝庙前留下的珍贵合影。

东山岛是被乾隆皇帝赞为“不愧一代完人”的黄道周的出生地，徐霞客则称黄道周为“字画为馆阁第一，文章为国朝第一，人品为海宇第一，其学问直接周、孔，为古今第一”。东山岛是郑成功、施琅收复台湾的出征地，更是习近平总书记点赞的谷文昌精神的发祥地。

谷文昌同志扎根东山，坚守14年，使东山岛从荒岛变为宝岛，由“苦难”变成“奇迹”。在东山，谷文昌以百折不挠的精神，上战秃头山、下战飞沙滩，从“九棵木麻黄”，建成“百里防风堤”，战胜了“神仙都难治的风沙”；以勇于担当的魄力，施行德政、赢得民心。无论是为“寡妇村”的去台家属定性，还是为被“抓靠”的“回归渔民”正名，都使社会歧视变为政策关爱，受到了群众的真心拥护；以实事求是的态度，办实事、求实效。在“大跃进”时期，坚持不放卫星、不冒进，既没有大搞“万斤田”，也没有推行大炼钢铁，而是把群众“大跃进”的热情引导到兴修水利上来，完成了705项水利工程，保证了三年自然灾害时期，东山没有饿死一个人。

习近平总书记先后 9 次点赞谷文昌，号召县委书记要以谷文昌为榜样，努力成为党和人民信赖的心中有党、心中有民、心中有责、心中有戒的“四有”好干部。东山人民更不会忘记老书记。1987 年，谷文昌的骨灰回东山安葬，东山群众自发含泪相迎，纷纷捐资建纪念馆、立雕像，有人自愿为他守墓一辈子。此后，“先祭谷公、后拜祖宗”，更是在东山相沿成习、不曾间断。

在行政建制上，这个美丽的海岛是一个县——东山县，我所挂的职务，是东山县委常委、谷文昌干部学院副院长。这让我有机会在这个与台湾隔海相望的小岛上，从行政管理的视角对一个县的地方政府治理、区域经济发展和社会运行现状进行调研考察，有机会深入了解这里的历史沿革、民俗文化与风土人情，有机会实地观察一个地区的区位特点和文化传统如何与具体实在的公共管理互动，有机会与这里的各行各业的人们广泛交流深入探讨。所有这些，都让我受益匪浅。

俞平伯曾评价丰子恺，“一片片的落英，都含蓄着人间的情味”，对我而言亦然，只需要把看到的、听到的、想到的，记下来、写出来，就是对这一年挂职的最好交代。

也因此，本书内容丰富而多元，有对历史风云的访幽寻微、有对传统文化的挖掘阐发，也有对社会发展的真实记录，表现形式也颇具特点，是以每篇千字左右的篇幅、微信朋友圈连载的方式、在朋友们的点赞鼓励和留言互动中创作出来的。这就使本书具有了“微信 +”的特点，文章中的故事情节、人物命运和呈现方式，都会随着连载的推进和互动的展开发生相应变化。

但无论如何，一年时间都太短暂了，难免会有疏漏之处，诚请方家斧正，不胜感激。

王彩平

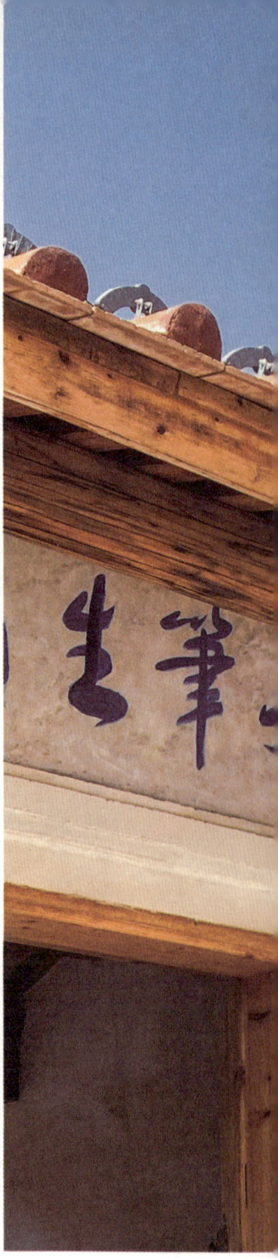

有时星光 有时月光 107

『帝祖』关公 137

扬帆起航 157

澳角风云 175

目录

先祭谷公　再拜祖宗　1
『不愧一代完人』黄道周　45
串岛游　57
南门湾　95

走马溪之役 239

木杨城 259

蝴蝶效应 267

他乡？故乡？ 271

一色 275

后记 279

刚刚好 195
县城算不算城市？ 207
苏峰山 215
一个庐 225

01

先祭谷公 再拜祖宗

习近平总书记在《之江新语》一书中这样评价谷文昌：福建东山县的县委书记谷文昌之所以一直受到广大干部群众的敬仰，是因为他在任时不追求轰轰烈烈的『显绩』，而是默默无闻地奉献，带领当地干部群众通过十几年的努力，在沿海建成了一道惠及子孙后代的防护林，在老百姓心中树起了一座不朽的丰碑。

寡妇村

1988年?

回想一下，那个时间多么遥远。

在那个年代，突然有一部电影说自己“少儿不宜”，导致人们窥私欲猛增，进而“趋之若鹜”去看电影，结果，搜刮90分钟片长里的每一帧画面，都找不到想要的哪怕一丁点儿“暧昧”，失望情绪很自然地转为了对电影的差评……

这是20世纪80年代末中国电影界发生的一个真实事件。电影名字叫《寡妇村》，其中有一位主演叫谢园，今天（2020年8月18日），传来他去世的消息，令人恍若隔世，唏嘘不已。

回到电影，“寡妇村”的噱头确实很吸引眼球，但故事的主题却颇为老套——吃人的封建礼俗，以及被牺牲掉的人性。在《寡妇村》里，这种人性突出体现为情欲。电影中，情节的设置、故事的铺陈和演员的表演都可圈可点，撇开被人诟病的“狗血”宣传，《寡妇村》算得上是一部不错的人类学色彩浓厚的文艺电影。

但，艺术毕竟是艺术，来源于生活，也高于生活。《寡妇村》就是这样，取材于中国南方某地特殊的婚姻习俗，以国民党去台前在沿海疯狂抓壮丁为时代背景，却没有突出国民党抓壮丁造成寡妇村这一悲惨事实，而是将一部活生生的年代戏，演绎成了一部凄凄惨惨戚戚的女权戏。

电影可以选择忽略，现实却不可以。东山岛铜钵村，就是这样一个真实的寡妇村。

1949年6月，从淮海战役溃退的一支号称“军官团”的国民党部队进驻东山。“军官团”？嗯，可以设想一下，如果简·奥斯汀笔下的

寡妇村展览馆

前言
一场人间浩劫，制造了「寡妇村」的悲剧典型。这是世上罕见的离情重创，深深烙进几代人的心灵。
「寡妇村」真名叫铜钵，这个在中国地图上难以找到的村落，却不寻常地承载着台湾与大陆分离的不幸，维系着两岸生死相连、荣辱与共的亲情。
没有谁能像这些守活寡的妇人博大宽厚地包容着这一切！这不是对封建伦理道德的恪守，也不是所谓人性的畸态与扭曲，而是对亲人忠贞不渝的负责与期待，是对祖国统一坚定不移的信念！这里展示的「寡妇村」仅仅是东山岛上那场悲剧的一幕。

那5位班纳特小姐听到这3个字，会欣喜若狂成什么样子，但此“军官团”非彼也！所谓的“军官团”，不过是在一场场血流成河的战争结束后，士兵们已然尸堆如山，剩下了几乎没什么兵的所谓“团”“师”，或者什么其他番号。

抵达东山的这支“军官团”又被称为“再生部队”，什么意思呢？靠抓壮丁来“再生”，抓满一个排，排长升连长；抓满一个连，连长升营长，类推。于是，东山因“近水楼台”被抓走了4792名壮丁。其中，仅铜钵村，就在1950年5月10日，国民党败退台湾之前，一夜之间被掳走147名壮丁。其中年长者55岁、年幼者仅17岁，已婚者91人。当时的铜钵村，只有298户1334人，遭此浩劫，铜钵村三日不见炊烟，成为远近闻名的寡妇村。

如果只是战争带来的生离死别的创伤，在那个年代，其实是司空见惯的，但随之而来，进入了另一个年代。战后的政治氛围中，作为去台家属，他们需要被定义，按照当时人们普遍的思维逻辑，她们就是“敌伪家属”——于是，这个辐射全县总人数1/3的群体，在“守活寡”的凄惨命运外，又面临着成为“历史罪人”的另一种可怕命运。

好在，他们遇到了谷文昌，这位时任东山县委组织部部长冒着政治风险，提出了改“敌伪家属”为“兵灾家属”的建议，几经请示并在县工委讨论决定，从而使寡妇村的“寡妇”们，从“加害者”变成了受害者，躲过了一场政治运动的浩劫。

所以，东山县流传着一个说法“先祭谷公，后拜祖宗”，这一拜（祭），是真正的“报国安邦志慷慨，建功立业展雄才”。故事很多，慢慢讲来。

咱回东山去

什么是鱼水情深？

“咱回东山去”，是鱼水情深。

1964年，谷文昌书记从东山调任福建省林业厅副厅长。“文化大革命”开始后，谷文昌在福州被定为“走资派”，时常被挂牌、游斗，情况十分糟糕。一天，福州突然来了一批东山县的“造反派”，他们向省林业厅的“造反派”提出：“谷文昌在东山县工作了十多年，我们要把他揪回东山去批斗。”

省林业厅的“头头”听了，觉得很有道理，于是就同意了，说：“你们只管带回去狠狠批斗就对了。”

当天，谷文昌就坐着吉普车被“押”出了省城，这情形，让人有一种“屋漏偏逢连夜雨”的命运多舛之感。接下来，东山人会怎么批斗谷文昌呢？

一上吉普车，东山“造反派”就亮出了底牌：“谷书记，我们是来保护你的，咱回东山去！”

原来，这是东山人解救“谷书记”的一个策略，既是“明修栈道，暗度陈仓”，也是一出“苦肉计”啊！

那么，东山“造反派”怎么就突然出现在省林业厅了呢？他们怎么知道谷书记被批斗得很惨呢？

事情的经过是这样的。当时，谷文昌的大儿子谷豫闽在福州大学读书，得知父亲被批斗得很惨，1969年8月底，独自一人骑着自行车从福州赶到东山。他在宅山村找到了时任“革委会”副主任何天寿，告知其谷文昌在福州被批斗和他身体的情况。何天寿随即召集几位负责人商议，决定派赵长钦、吴裕齐及一翁姓干部带着东山县“革委会”

观虹楼

弘扬传承谷文昌精神
建设宜居宜业宜游新前何
荷风谷意

出具的证明，前往福州将谷文昌书记带回东山，并制订好保护计划。

这个保护计划也很有意思，当天回到东山已是深夜 11 点多，谷文昌被秘密安排在前何村村民何生幼、林来凤的家中。之所以说秘密，是因为何生幼、林来凤都不知道家里住的客人是谁，只被告知："这是一位教书先生，是有文化的大好人，要好好照顾。"

而之所以安排在何生幼家中，是因为何生幼家是华侨户，家庭条件比较好，建了一栋两层的房子。谷文昌被安排住在二楼。出于隐秘保护需要，第二天楼梯被拆除了，每天楼上垂下一条大粗绳子，林来凤他们把食物都放在篮子里，在楼下把绳子拉一拉、摇一摇，谷文昌再拉上楼。

两个多月后，谷文昌的身体日渐好转，又被转移到了顶西村。他也被象征性地安排参加一些"批斗会"。但又一个"文革奇事"出现了，当时，东山两个势不两立的"造反派"，在对待谷文昌这个"走资派"的态度上，竟然达成某种默契，都没有对他采取过激的行动，这在那个动不动就"文争武斗"的年代，真是很难想象。

当时保护谷文昌的前何村农房，如今被打造成了谷文昌精神的一个现场教学点，取名"谷意情深"。

什么是鱼水情深？什么是活在人们心中？

"咱回东山去"，是。

没有困难

岁末，各种会议和活动，有一天连着参加了 4 个。辞旧迎新之际，是得像竹子一样，结个小节，再拔节生长。

最后一项活动，是县四大班子成员集体乘坐中巴，前往谷文昌纪念园，向老书记的塑像敬献花圈。

天气很好，苍松翠柏间，老书记于此长眠。

仪式庄严、肃穆而隆重，我们三鞠躬，向老书记致以深切的怀念和崇高的敬意。此情此景，我深深地体会到了什么是“政声人去后，丰碑在人间”。

习近平总书记在《之江新语》中这样评价谷文昌：福建东山县的县委书记谷文昌之所以一直受到广大干部群众的敬仰，是因为他在任时不追求轰轰烈烈的“显绩”，而是默默无闻地奉献，带领当地干部群众通过十几年的努力，在沿海建成了一道惠及子孙后代的防护林，在老百姓心中树起了一座不朽的丰碑。(《“潜绩”与“显绩”》)

是啊，金杯银杯不如老百姓的口碑！

敬献花篮后，我们来到老书记的安息之处吊唁。在这个生命的终点处，我的思绪回到了一个起点——那一夜，谷文昌为人之子，内心究竟经历了怎样的波澜起伏？

1948 年下半年起，中国人民解放军在东北、中原、华北连续进行了辽沈、淮海、平津三大战役，消灭了国民党反动派的主要军事力量。党中央和毛泽东主席发出了“打过长江去，解放全中国”的号召，决定从老解放区选调大批优秀干部随军南下，迅速接管新解放区。1948 年 12 月，根据党中央的统一部署，中共中央华北局决定，从太行和太岳两个老根据地选调一批得力干部，组成一支南下队伍。

林县县委积极贯彻党中央和太行区党委的指示，动员全县干部积极报名到新解放区工作。这个时代大背景，为谷文昌的人生提供了一个新的起点。

他带头报名，在烟盒纸背后写下和本区 6 位南征人员的保证书：

“每人家庭早有准备，家庭不会拖后腿；阴历正月初九早饭集中十区署，保证当天下午报到平房庄。特此保证。组长谷文昌，副组长杨永修。”

在《南征政民工作人员登记表》上，有一栏“有什么生活困难，本人对其困难解决意见”，谷文昌填的是“没有困难”；在“本人对家庭照顾的依托人姓名（或机关）”一栏中，谷文昌填的是“依托兄弟谷文德”。[1]

---

① 谷文昌南下的故事参见吴玉辉：《谷文昌》，中共中央党校出版社、福建人民出版社 2016 年版，第 173—175 页。

这个时候的谷文昌，真的没有什么困难吗？

临行前，谷文昌蹲在母亲跟前，默默地为白发苍苍的母亲洗脚。他的父亲去世很早，母亲为了这个家含辛茹苦，但这一次，他其实并不知道，自己南下之后，是不是，以及什么时候还能再见到老母亲。

自古忠孝两难全，彼时彼刻，谷文昌在给老母亲洗脚的时候，究竟是一种什么样的心理状态呢？

我其实不敢深想，因为心脏不够强，承受不了这样的殇。

第二天，谷文昌告别家乡、告别亲人，踏上南下征程，越过崇山峻岭，来到东山岛，在这里，上演了人生中最为精彩的华章。

谷书记的基本功

已是除夕，疫情阴影下，爆竹声声中，东山岛上，年味渐浓，谷文昌干部学院的节日祝福如期而至。常务副院长刘跃光一如既往的精良制作，红红火火的底色烘托出更加浓郁的春节氛围。

像电影《阿甘正传》里那句著名的台词：人生就像一盒巧克力，你永远不知道下一颗是什么味道。我从来不会想到，在自己的人生中，居然有那么一年在谷文昌干部学院任副院长的经历，这颗“巧克力”的味道，隽永绵长。

谷书记的故事，人们讲了很多，但究竟为什么他能够名垂青史？是塑造典型的需要吗？经过半年多的深入调研后，我可以肯定地说，不是。

那是什么呢？

在我看来，除了那一代共产党员普遍具备的高尚情操之外，更主要的是，老书记具有超常的解决问题的能力和方法。

举个例子。

早年在河南期间，参加抗日战争表现出色的谷文昌，被任命为林北县第七区副区长。由于日军的扫荡、国民党的包围封锁，加上几年严重自然灾害，山区耕地又少，且每年只能种一季庄稼，林北县处于极端困难的境地。

县委发动群众开展生产自救。根据记载，林北养山蚕有着悠久的历史，可以追溯到元朝。后来由于日本的人造丝倾销，蚕丝价格大落，林北县的养蚕业受到严重打击，养蚕业每况愈下。残存下来的蚕种在日伪军的多次破坏下已基本绝迹。要想完成生产任务，谷文昌认为，最好的办法就是结合山区实际，组织群众发展养家蚕、放山蚕。

但放养山蚕的问题是，蚕茧都是外省来的，没有本地蚕种，无法普遍蓄养。谷文昌决定实地调查一下。走访中，他了解到一个重要情况，北湾村有一个叫魏二妞的农妇，手中有蚕种，就是不知道愿不愿意提供给大家。

怎么办?

第二天，天刚蒙蒙亮，谷文昌扛着一把锄头来到北湾村，但他没有直接去找魏二妞，而是向村里人打听魏二妞家的庄稼地在哪个位置，然后直奔过去就开始锄草。

打石匠出身的谷文昌在这一带人缘很好。晌午，魏二妞得知谷文昌一大早就来帮忙干活，很感动，把他请到家里喝水。谷文昌一边喝水，一边和魏二妞拉家常:“大嫂，你家除了种地，还发展哪些副业? ”魏二妞神秘地说:“我告诉你，6 年前的冬天，我到地里摘豆荚，在山坡的窄树上看到了 3 条青色的山蚕，2 条公的、1 条母的。”

“那后来呢? ”

“我把这 3 条山蚕带回家蓄养，第二年春天蚕种就有 60 多斤，秋天又增加到了 500 斤。后来又增加到 1300 斤。第五年，竹岑村的陈阳则和桃花洞村的养蚕能手申九华都来合作蓄养，一年就得到了 6 万多斤蚕茧。”

趁着魏二妞的高兴劲儿，谷文昌说:“大嫂，我想跟你商量个事，现在咱新政府正鼓励大家伙养蚕，可苦于没有本地蚕种。你能不能做件好事，把蚕种卖给乡亲们? ”

魏二妞马上就爽快地答应了:“中。今天你说了，我答应你。过去有人跟我要蚕种，我都不舍得给哩。”

蚕种有了，但在养蚕过程中，谷文昌又发现群众信“蚕姑奶奶神”，不注重研究养蚕技术。为了破除封建迷信，谷文昌直奔桃花洞村，这回，他要拜访的是养蚕能手申九华。谷文昌向申老讲明帮助蚕农恢复养蚕的重要意义，请老人出山给全区养蚕户传授经验。老人感佩共产党为百姓着想，也为谷文昌的真诚所感动，不仅答应担任养蚕技术顾问，还把他的蚕种也贡献了出来。区里很快举办了蚕农学习班，由申九华传授技术，培养了一支养蚕技术骨干。

有了蚕种，又有了养蚕专家的指导，第七区的养蚕业得到了快速发展。这件事让谷文昌意识到，做好群众工作，调查研究、工作方法十分重要。从此以后，注重调查研究、讲究工作方法，成为谷文昌开展各项工作的基本功。[①]

① 放养山蚕的故事参见吴玉辉：《谷文昌》，中共中央党校出版社、福建人民出版社2016年版，第165—166页。

百里木麻黄

（一）

巧合是一种意想不到的美，在意料之外，突然给人愉悦之感。

到东山快 8 个月了，不知不觉写了一些文字，关于谷公的部分，陆陆续续也写了不少。昨天发完“典型”之后，计划今天把谷书记植树造林治理风沙的事迹写一写，结果，早上一睁眼，看到公众号“星球研究所”推送了一篇文章《植树造林，如何改变中国？》，才想起今天居然是一年一度的“植树节”，那一瞬间，巧合的愉悦充溢胸间。

“星球研究所”的文章提供了一组数据令人骄傲：1949 年我国的森林覆盖率仅有 8.6% ~ 12.5%，而根据第九次全国森林资源清查，截至 2018 年底，我国的森林覆盖率达到 22.96%，即森林面积 220 万平方千米，70 年间我国净增的森林面积足以铺满整个新疆。中国是世界上同期森林资源增长最多、最快的国家。

这组数据是怎么来的？调查来的吗？不是。是在70年的时空中，无数个“谷文昌”脚踏实地“种”出来的。

而与全国的数字相比，东山的数字要好看得多。据解放时的记载，全岛194平方千米的土地上，森林覆盖率仅为0.12%；如今，全县林地面积已达12万亩，森林覆盖率达36%，绿化率达96%。据省林业部门测定，岛上风力减弱了41%～61%，冬温提高了1.5摄氏度，蒸发量减少22%，相对湿度提高10%～25%。

不过，对于做了近一年“岛民”，尤其是刚刚在岛上度过冬天的我来说，对于这组数据的关注点可能与大家略有不同——“岛上风力减弱了41%～61%”，为什么呢？

这是一个过程。

七月份进岛，正是海岛最美的时光，我不由自主地赞美，朝玲①冷不丁说，那是你没见过冬天的风！从此在我的心里种下了“风”的种子。然后，冬天说来就来了，不是因为冷，岛上最冷也不下零度，而是因为风。

冬天的风刮起来没完没了，躺在床上，床真的会晃，窗户更不用说，感觉随时要被风整体卷走。风的声音，是尖锐的、呜咽的、嚎叫的、咆哮的，组成了一组“刺耳交响曲”。

亚殊主任②讲了两个故事，一个是一位县领导，男性，外地干部来东山，冬天的时候因为风，晚上睡觉不敢关灯；另一个是一位尊贵的客人，被安排到了极具特色的帐篷酒店，半夜听风越听越可怕，打电话求助，连夜被接走换到另一个不靠海的酒店才踏实。

问题是，我说的可不是“解放时”，而是21世纪20年代的“我”十分具体、实在的个体体验。这就让我很难想象，这已经是“岛上风

① 东山县副县长王朝玲。

② 东山县人大主任柳亚殊。

力减弱了41%～61%”以后了，那么，在那些没有减弱的时间里，这里的人们会是一种怎样的生存状态呢？

（二）

“微风三寸土，风大石头飞”，这是在东山岛曾经流传过的一则民谣。

据记载，新中国成立时，岛上一年中刮6级以上大风的时间长达150多天。一年几乎刮半年的大风使得解放前的近百年间，风沙吞没了岛上13个村庄①，1000多座房屋、3万多亩耕地。人们有田没法种，种了也没收成，粮仓空空如也，一年到头缺吃、缺烧。很多人不得不拖家带口，拿着空篮破碗外出讨饭，乘船过海到大陆上割草砍柴。1949年，全岛6万多人，有2000人死于天花，外出当苦力、当乞丐的有1/10之多。

那个时候，海岛的东南部横亘着30多千米长的沙滩，茫茫一片，寸草不生，还有40多个流动沙丘，沙随风势不断向人们进逼。地处风口的山口村是当时出了名的乞丐村，全村共900多人，出去讨饭的就有600多人；而山口、湖塘两村的1600人中，因风沙为害患红眼病、烂眼病的就有400多人，失明或半失明的有90多人。

“一年中刮6级以上大风的时间长达150多天”，这也太可怕了吧，“风神”飞廉该是有多迷恋这个小岛呀！这么比起来，去年冬天我所经历的差不多一个来月的大风天着实算不了什么，何况6级以上的情形

① 东山经济技术开发区主任蔡猛添给我讲过一个“七蔡剩四蔡”的故事。东山县陈城镇本来有7个蔡姓自然村，但由于地处“每秋风一起，十田九压”的重灾区，被沙埋了3个。如今，仅剩陈城镇湖塘村顶头自然村、下头自然村、林边自然村和东厝自然村4个蔡姓村。

也并不多见，看来“岛上风力减弱了41%～61%”，使“风神”元气大伤，威力大减啊！

事实上，那个时候的东山岛，可不只是这一年“150多天”的风沙之患，另一首民谣反映了这里极为恶劣的生存环境——“春夏苦旱灾，秋冬风沙害。一年四季里，季季都有灾”——千百年来，东山人民就这样被风、沙、旱、涝压得抬不起头、喘不过气，从明清至国民党统治时期，历朝历代的县官们对此都束手无策。

但谷文昌，却在人们对“东山这个鬼地方，神仙也治不住风沙”的摇头叹息中，使这种状况从根本上得到了改变。

1964年，谷文昌调离东山时，全县已营造3万多亩防风固沙林、6万多亩水土保持林、201条林带，一个个荒沙村彻底摆脱了风沙之苦，过去颗粒无收的沙地不仅可以种植粮食作物，荔枝、龙眼、芒果等经济作物也在这里“安家落户”，荒岛变成了绿洲，东山人实现了千年绿色梦。

这也是为什么两任省委书记叶飞和项南在考察后都会感到震惊的原因，因为他们清楚地知道，这是知不可为而为之，把不可能变成可能。同时，这也是山口村的老百姓自发地“先祭谷公，后拜祖宗”的原因，因为风口上的他们受害最深、苦难最重，因而感恩最真、感激最诚。

著名作家梁晓声在东山采风时听说了谷文昌的事迹后，由衷地感慨道：我无论如何也想不到，在中国、在今天，一位共产党的县委书记，在他死后，居然会被普通的当地民众尊称为“公”。

那么，作为一个普通的人，谷文昌是如何在“东山这个鬼地方”缚住“风沙苍龙”，一步步从“飞沙走石”走到“绿树成荫”呢？

（三）

实现目标从设定目标开始，“挖掉东山穷根，必先制服风沙”，东山县委、县政府经过多次讨论，确定了治理风沙的工作目标。但这其实是个不争的目标，历朝历代的主政者想来应该都确定过，但又怎样，实现不了啊！

怎么办？

谷文昌还是从他的基本功开始做起——深入实际，调查研究。他带领林业技术员走遍了东山的大小山头，探风口、查沙丘，哪个风口大就去哪个风口，将一座座风口的风力，一座座沙丘的位置详细记录下来，并绘制成简易地图，与干部、群众一起研究，最终制定了“筑堤拦沙、种草固沙、造林防沙”的方案。

那就筑堤，那就种草，那就造林。

在县委、县政府的统一指挥下，风口地带筑起了39条2米高、10米宽的拦沙堤，总长22000多米，但仅仅过了一年，长堤就被风沙摧垮；沙里播下的草籽很难成活，即使勉强出土，一经风吹沙打就变得奄奄一息；至于植树造林，先后种过10多个树种，几十万株苗木，一次也没有成功。

直到1957年，木麻黄出现。

林业技术员吴志成报告，查到了国外种植木麻黄有效防治风沙的资料；省林业部门通报：广东省电白县种植木麻黄成功；调查组发现，白埕村的沙丘旁生长着6株挺拔的木麻黄。

木麻黄，又是木麻黄，还是木麻黄。县委决定：大种木麻黄。1958年，全县突击种下1000多万株木麻黄、黑松、相思树等幼苗。人们翘首企盼，“小树苗啊，快长大，绿树叶新枝芽，阳光雨露哺育它，快快长大，快快长大”。

谁知树刚种完，气温突降，一个多月持续低温，树苗大片枯死。“荒沙能长树，鸡蛋能长毛！”很多人以讽刺和挖苦的方式表达着悲观情绪。

好在有的树苗，生命力就是要比别的旺盛一些，人们发现，白埕村居然有9株木麻黄苗活了下来。谷文昌说，大家看，不是活了9株吗？能活 9 株，就能活 9000、9 万株。

我在这里击节鼓掌，因为这种从悲观失望中看到希望的事情在历史上曾经发生过，那就是毛泽东主席的“星星之火，可以燎原”，异曲同工，殊途同归。

以这 9 株苗为“星星之火”，东山县委组成了由领导干部、林业技术员、老农三结合的试验小组，在飞沙滩上“旬旬种树”，定时观察气候、湿度、风向、风力对新种植木麻黄回青、成活的影响，还在白埕村种下 20 亩丰产试验林，终于摸清了木麻黄的生长习性，总结出了种植木麻黄的六大技术要点：大坑深栽、带土栽种、晴天挖窟、雨天造林、保护管理、防治虫害。

1959 年，全县军民植树造林誓师大会召开，各级干部身先士卒，百里海滩上布满造林大军，连续 3 年，只要天一下雨，东山人民就冒雨出动，先后植树 8.2 万亩，400 多座山头、3 万多亩沙滩，全部披上了绿装。

几年下来，“林成片，地成方，大路两旁树成行”，177 条每条宽 50 至 100 米、总长达 194 千米的林带，覆盖了东山大地。一排排木麻黄四季常青，昂首挺立，构成第一道防线，用材林、经济林次第展开，纵横交错，环护着田园村舍。

“不放卫星”

刚来东山不久，我请教过泰伟书记[1]一个问题：同样作为县委书记，您觉得谷文昌书记在东山所做的事情中，哪一件令您印象最深刻？

我以为是植树造林，或者是寡妇村，结果都不是。泰伟书记说：在那样一个年代能顶住“左”的压力，“不放卫星”……

还有这样的事情？在那个年代？

1958 年 5 月，党的八大二次会议通过了“鼓足干劲、力争上游、多快好省地建设社会主义”的总路线，提出了 7 年“赶英”、8 年“超美”的时间表，全国各条战线迅速掀起“大跃进”高潮。1958 年 8 月 27 日，《人民日报》刊载《人有多大胆，地有多大产》一文，指出“从现有条件看，一亩谷子密植到四五十万株，是完全可以办到的”。

“千斤稻，万斤薯”，密植风迅速刮到了东山，任务压顶，要不要像其他地方一样“放卫星”？

谷文昌想到一个办法，先搞试验田，用事实统一干部群众的认识，既对上面有交待，又避免造成大面积的损失。根据谷文昌的布置，在埕英大队搞了一块试验田，经过试验，证实当时要求推行的“2×2 水稻密植”，不仅不能高产，反而水稻连根都闷烂了。他还在山后大队搞了一亩密植地瓜试验，虽然是藤叶茂盛，但不是“万斤薯”，而是“万根须”。由此得出“东山不适宜搞密植并丘”的科学结论，那种违背自然法则的密植，在东山没有得到推广。

“大炼钢铁”也是这样，这股浪潮不可避免地波及东山，怎么办？

---

① 东山县县委书记洪泰伟。

东山一没铁矿，二缺燃料，“大炼钢铁”无疑是劳民伤财。谷文昌沿用“试验田”做法，把“大炼钢铁”限制很小的范围，除了城关地区和一些机关单位、学校建有少量的小高炉外，全县并没有全面铺开。为此，东山因为“大炼钢铁”没有形成气候，被省里点名批评。

除此之外，岛上还出现了一种更加可怕的“大跃进”风潮。自古以来，渔民都把海上经常出现风暴的日子称为“龙禁日”，以“龙”之名强调这个期间不能出海打鱼。但是，在“大跃进”带来的头脑发热中，一些干部提出改“龙禁日”为“增产日”，要求渔民必须照常出海生产，称“风多雾多，没有我们的办法多；风大浪大，没有我们的决心大……要叫大风为我们服务，叫海浪向我们屈服，叫海龙王献出财宝”。有一个公社副书记竟然命令渔民下海每次每人必须捕获250公斤鱼才能上岸，“否则海做地、船做棺材，死也不能回”，致使接连出现海难。得知这些情况，谷文昌震怒：“简直是不顾群众死活，胡闹至极！”并在1960年6月7日召开的四级干部大会上公开严肃批评，使强迫渔民“反常规”出海的错误行径得到纠正。

若干年后，梁晓声在《谷文昌的眼睛》一文中写道：

东山县并没有在当年四处“大炼钢铁”。谷文昌只命人在县委院里土法建造了一座炼钢炉，没生火几天就下令熄火了。他对前来检查的人说：“我们试过了，不行。”

东山县也并没有在“人民公社”时期大搞什么“万斤田”。他对前来检查的人也说：“我们试过了，不行。”

凡不行之事，他决不再唯上而是，劳民伤财，以博荒唐政绩，从而大捞为官资本。

“不唯上，只唯实”，作为座右铭，可以对领导干部起到很好的启示和激励作用，但若是放到现实政治生态中，又有多少人能够守得住、做得到呢？季羡林在一篇回忆胡适先生的文章中坦言：大家群策群力，造出了神，又自己膜拜……通过无数次的运动，一直到十年浩劫，自己被关进牛棚被打得一佛出世二佛升天，皮开肉绽，仍然不停地膜拜……

但没想到的是，在那个疯狂的年代，在东山这一隅，居然真的有这样的一种存在！我于是明白：如果说植树造林是不屈不挠的精神，那么，“不放卫星”，不只是实事求是的精神，更是顶天立地的气节，这大概是为什么大家都对这一点印象深刻的原因吧。

“是我们的错，不是农民的错”

一些成长的记忆总是在不经意间闪现。比如，很小的时候住在镇子上，那还是“公社时代”，一次偶然进了公社院子，看到台阶上最边边的那个房间里吊着两个人，绳子卡在肩膀处，胳膊反绑在后面，头抬不起来，身子到地面的距离大于到房顶的距离。据说是小偷。

荒凉贫瘠的黄土高原，望不穿的大山深沟，一贫如洗的窑洞，构建了我最早的世界观：粗粝而磨难。长大才渐渐发现，这个世界的粗粝和磨难，要比想象中更加粗粝、磨难。

东山，1960 年底的一天，县委办报送的一份文件中写道：

一年来，被脱光上衣的群众有 16 个，最大 55 岁、最小 12 岁，男的 6 人、女的 10 人。这些被脱衣服的群众都是因偷一二斤地瓜和少量花生、甘蔗而被处罪的。如在 1960 年 9 月 22 日晚，开了大会处理小偷，由支部书记、大队长主持，支部书记当众宣布说：“晚上对小偷坚决要‘现五龙’（把衣服脱光）。”当场有的社员不脱，大队长、畜牧场长动手把 7 个人的衣服脱下来，支部书记还把一个 12 岁儿童连衣带裤剥得精光。9 月 23 日，第一中队开队员会，由大队长主持，继续处理小偷，偷东西没有缴 2 元的人仍要脱衣服，不把衣服脱下来，要处罚 10 元。这个晚上又有 9 个人被脱衣服。一对老夫妇，年龄合满 100 岁，只因偷了 1 斤多的地瓜和数粒花生，就被脱了 2 件衣服，还有多名女社员，因偷了几粒花生，穿的上衣均被脱光，当场大哭不休。[①]

① “现五龙”的故事参见吴玉辉：《谷文昌》，中共中央党校出版社、福建人民出版社 2016 年版，第 84—86 页。

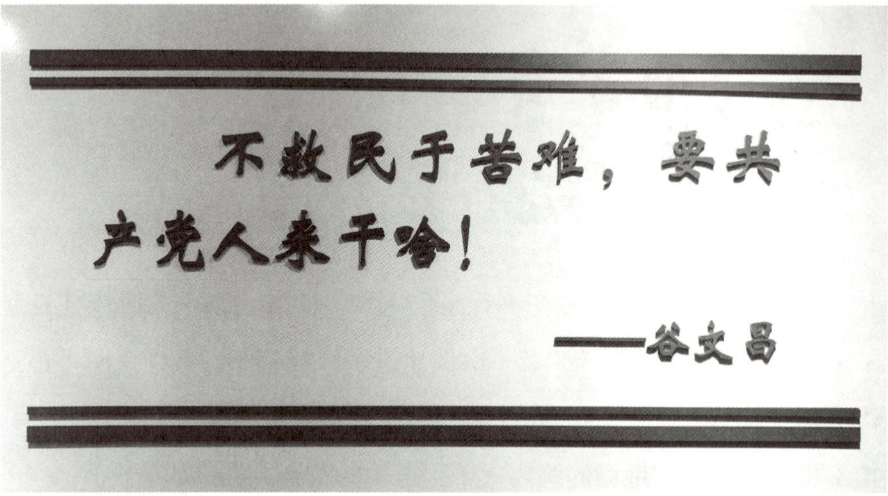

感到残酷无力时，我们常常靠希望撑着活下去，比如：愿你被这个世界温柔以待，即使生命总以刻薄荒芜相欺。但文件中的这些人，却在“生命以刻薄荒芜相欺”时，幸运地“被这个世界温柔以待”。

这份文件报送上来后，谷文昌了解到，由于遭受自然灾害，加上大办食堂，集体积蓄的一点粮食几乎被吃光。大食堂里，餐餐地瓜丝煮牛皮菜，黑黑的一锅汤稀得可以照见人影。东山20%的群众患了水肿病，脸色暗黄、四肢无力，老年人脸上的皱纹平展了，小腿上一按一个深窝。一些社员实在饿得受不了，就到庄稼地偷地瓜、花生。

在县委常委扩大会上，谷文昌指出：“从现在起，在农村除掉一些惯偷外，对一般社员拿公家一些东西的都不准叫小偷，叫作贪小便宜。因为这个现象明明是我们给人家搞出来的，大集体生产搞不好，个人小私又弄得光光，叫人家不偷才有鬼。这次到会的队长要把矛盾搞清，造成矛盾是我们的错，不是农民的错！”

东亚文化圈是“耻感文化”最盛行的地方，承认错误被认为是“掉份儿”“丢面子”“伤自尊”的事情。所以，常常是即便错了也不肯认错，殊不知保全了面子，却伤了里子。但谷文昌却说“是我们的错，不是农民的错”，实在难能可贵。

一孔之洞见

水利部党校一次青干班演练课上，一位处长在回应鄱阳湖水利枢纽工程的舆论质疑时，以一句“一部人类史，就是一部水利史”开场，给大家留下了深刻的印象。确实如此，水是生命之源，从大禹治水到开凿大运河，从都江堰到各种大坝，人类生存和发展的过程，就是一个不断适应、利用、改造和保护水环境的过程。

但细想一下，貌似自古以来水利工程的技术含量不像地震仪之类那么高。大禹治水，是顺应水的特性，疏堵结合，以疏为主，堤坝建

设反之；开凿大运河主要就是挖；神奇如都江堰，也是鱼嘴的分水疏导作用，把水分流到了不同地方。

而谷文昌治水，却充分发挥了技术的作用，或者说，以一孔之洞见，实现了政治、科学与技术的“联姻”。

东山岛四面环水却严重缺水，海水泛滥、淡水奇缺，“春夏苦旱灾，秋冬风沙害。一年四季里，季季都有灾”。直到今天，水的问题依然令人困扰。我去年来的时候正是台风季，蹊跷的是，7 月整整一个月都没有台风过来，平时谈笑风生的食堂餐桌上大家都忧心忡忡，再不来台风，吃水就成问题了。

谷文昌那个年代更不用说，人们用麻绳绑着孩子吊到井底，就是为了去掏井底那一点点救命水，“一担水”，竟然能够成为姑娘出嫁的嫁妆。

东山人从没有间断与干旱缺水的抗争，谷文昌也一样。那么，他是如何让政治、科学与技术“联姻”的呢？

首先，是政治。不是“大跃进”吗？那就在该跃进的地方跃进，比如兴修水利。谷文昌组建了 64 人的水利规划勘察队，分赴全县各地进行水利规划工作，并由有关部门培训了 121 名水利技术员，为掀起兴修水利的热潮做好准备。

其次，是科学。海岛上很多地方都是沙地，沙地建水库蓄水，难度很大。谷文昌从哪里下手呢？从名字带有水字旁的村庄开始！这太厉害了，北京不就努力通过海淀、积水潭、后海、什刹海、北海、玉渊潭、莲花池等一系列带三点水的地名回溯自己“水城”的历史吗？这个逻辑是对的。谷文昌通过查史迹、碑记、村名、庙宇，请教老农民、打井人，最终确定湖尾村一带沙滩地下水最丰富。他发出号召：向沙地要水！一些老人不信，他却胸有成竹，自己动手一铲一铲挖，果然，不断往下挖，沙丘地里源源不断有水涌出来。

最后，是技术。他组织水利技术人员成功研制出了“沙地过滤水

管”，用来收集沙地里的地下水。这个技术看起来很简单，在涵管管壁四周穿若干 1.5 厘米的漏斗型小孔，管上侧留一个直径 20 厘米左右的大孔。工作原理却极具技术特色，漏斗型小孔为滤沙水孔，外孔大内孔小，当把涵管埋到沙层时，可以把细沙流动的竖向压力分解成轴向压力，从而防止细沙随地下水流入涵管，而沙子里的水却可以渗透到管内；大孔为溢水孔，涵管里的水储存满后，从大孔溢出形成河面，需要时水再从大孔流入涵管输送到目的地，实现了远距离农田灌溉。

于是，1958 年，当其他地方忙着“放卫星”时，谷文昌却忙着把“沙地过滤水管”广泛运用于地面库、塘、井、坝、闸等水利工程，建成地下沟、渠、管纵横交错的水利格局，完成了 705 项大大小小的水利工程，有效缓解了东山岛旱情。特别是建成了红旗水库，集雨面积达 3 平方千米，总库容 329 万立方米，有效灌溉面积达 6069 亩。后来水库又与岛外引水工程相配套，不仅灌溉农田，还作为自来水厂的水源基地，为城镇居民、工厂、码头港口提供用水。

1958 年 11 月，时任国家水电部副部长钱正英到东山视察水利工程，给予充分肯定。同年 12 月，东山县被国务院授予“农业社会主义建设先进单位”称号。1959 年 1 月 17 日，全省水利现场会在东山召开，总结推广了东山经验。同年 5 月，国家地矿部在东山召开全国沿海省份地下水开发利用现场会，介绍东山的找水经验和当时湖尾地下水工程的建设经验。时任解放军总参谋长罗瑞卿专程来东山调查地下水工程，认为这个创举对我国西北地区的国防建设也很有意义。

渔民的不幸遭遇

门前海水平波波，

哪知人间有银河。

多少年来断七夕，

何时鹊桥接阿哥？

这是男人被国民党抓丁抓走后，铜钵村的“活寡妇”们一边织着渔网，一边吟唱出来的无助与思恋。

寡妇村的故事为什么格外打动人心？因为在这个故事里，有儿女情长，有生离死别，有鳏寡孤独，有魂牵梦绕，有冷落、有歧视、有欺凌，有生活的雪上加霜，有命运的跌宕起伏，所有这些离奇的现实，都是好莱坞编剧都编不出来的引人入胜的“戏剧情节”。

但事实上，谷文昌还处理过一个比寡妇村更加敏感而棘手的问题——“回归渔民”的定性问题。如果说寡妇村的问题只是家属被抓到台湾而受到牵连的话，“回归渔民”，则确确实实地在那边停留过，被抓然后又被放回，所以，对他们的定性处理，有更大的政治风险。

东山临解放时，被逃跑的国民党军队抓去当船夫的有26人，解放后渔业大队渔民在海上作业时，被国民党军队在海上“抓靠”后放回来的有6批、34人。这些渔民回来后，干部怕丧失立场，把他们都看成是“中了毒”“不可靠”的人，当船夫释放的被称为“回归渔民”，被“抓靠”受审的被叫作“回归分子”，虽然没有发现任何破坏活动，但他们还是被没完没了地审查，有的被安排举家内迁，没有安排内迁的也受到歧视。

在那个宁“左”勿右的年代，一些干部这样做，既能显示其“革命警惕性高”，又能“确保安全”。然而，这简单粗暴的做法却造成严

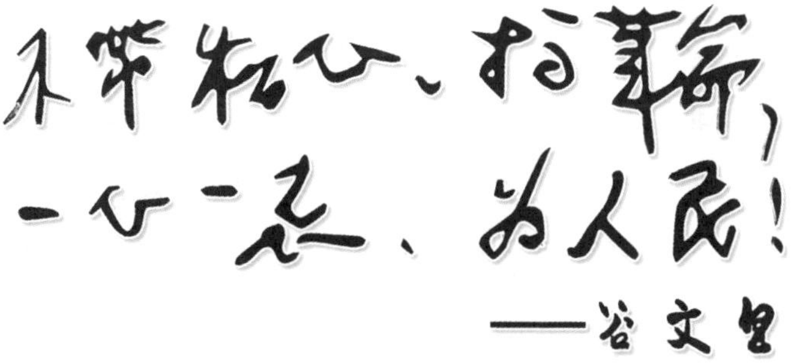

重的负面后果，不仅被“抓靠”的渔民人人自危，其他渔民情绪也不稳定，担心哪一天出海被“抓靠”，即便侥幸回来也得被内迁，两头担惊受怕。

谷文昌了解到这个情况后，对海防部长兼城关区党委书记李景棠说：“老李，这样下去不行。对这些被‘抓靠’的渔民，我们应该看作他们经历了不幸的遭遇，对他们不得歧视。你们写一个报告给县委，要正确体现党和政府的政策，提出妥善的处理意见和建议。”

很快，一份报告送到县委，建议：

第一，通过形势教育，统一思想认识。渔民被“抓靠”，我们应该把他们看为是渔民的一种不幸遭遇。我们把放回来的人员都一律看成是“中了毒”“不可靠”的人，这是不妥当的。

第二，要分清几个界线。凡属临解放时被国民党军队抓去当船夫，在 20 天、几个月内放回来的和在海上被抓受审两三个钟头立即放回来的，都不应列为“回归分子”加以看守；凡是被抓捕放回来的人员，经审查和长期考察后没有问题的，要信任他们，大胆使用他们。如属确有政治问题弄不清的，交给渔业大队出面审查，再审查不清，就放在生产上长期考察他们。

第三，过去政策界线上划不清，策略上不够好，经审查有打击错了的，要通过谈话、道歉、释疑，消除他们的思想抵触，并在职务上做妥善安置。

第四，要总结经验，接受教训。以后凡是被“抓靠”放回的人员，一律由所在渔业大队出面，热情接待，严禁逼、供、讯。

谷文昌将报告批复给了各公社党委、政法党支部：现将李景棠同志关于“回归渔民”情况和处理意见印发给你们参考。处理“回归渔民”的问题是一件十分复杂的工作，必须十分慎重，讲究策略。分别对待，乱戴帽子，甚至用简单粗暴的方法，都是错误的，今后必须坚决制止，对以前已处理的“回归渔民”应重新进行一次检查，对错戴帽子和处分错了的，应该严肃认真地加以纠正，以利团结多数人。

文件下发后，渔民的情绪很快稳定下来。而渔民人心的稳定，又有力地促进了渔业生产，支持了当时的海防斗争。

“谷满仓”

“调研谷文昌的事迹，我想着先从外围开始，所以，就先去了宁化，没想到宁化的事迹也很感人，”张全景部长①说，“后来，我又写了一篇《谷文昌在宁化》，发表在《党建研究》上。”

“‘谷满仓’？”我想起了宁化百姓对谷书记的这个昵称。

“对，‘谷满仓’！”张部长说。

为什么宁化的老百姓把谷文昌同志称为“谷满仓”呢？

1969 年冬，55 岁的谷文昌带着妻子史英萍、小女儿谷哲英，从福州下放到三明地区宁化公社红旗大队当社员。

来到红旗大队的第二天，他就让大队干部领着他走遍了大队的农田、山垄。他了解到，红旗大队有 700 多人口、500 多亩土地，其中有 400 多亩为冷水山垄田，是靠天吃饭的一季旱地，年均亩产值二三百斤。如遇旱灾，只有 100 来斤。这里土地贫瘠，严重缺水，群众生活非常困难，遇到荒年，群众都要到隔壁江西省赣州的石城县买地瓜渣充饥。

红旗大队党支部书记叫王定权，性情耿直，但文化程度较低，因此留下很多有意思的故事。比如，当时农户杀猪必须经大队批准，每回他都在申请的字条上签“同意杀王定权”。有人提醒他，“同意杀”后面要加个句号，“王定权”的签名要写在下面一行，他不耐烦地说：“没那么讲究，就这么写，谁敢杀我？”

不过，别看王定权是个大老粗，还经常和群众“吵口”，可他很懂得重视人才，几次和谷文昌接触，他感觉到这位从省直机关下放的老

① 中组部原部长张全景。2021 年 3 月，我专程回京拜访过 91 岁高龄的张老，邀请他为《谷文昌年谱》一书作序。

同志有能力、有水平，于是，这位粗中有细的支部书记作出一个决定，每次支委会都请谷文昌参加。

支委会上，经过充分调查研究的谷文昌胸有成竹地发表着自己的意见：“我们红旗大队群众粮食不够吃，原因在哪里？问题出在水稻产量低。水稻产量低，原因又在哪里？我认为，第一是地力问题。我们这里的土地普遍板结，这样的土地怎能种好庄稼呢？我建议发动社员积肥，改良土壤，提高地力。第二个问题是灌溉方式有问题。我们现在采用的是串灌，这样必然导致肥料的流失，我建议改串灌为轮灌。第三是水稻的品种有问题。我们现在普遍种植的是高轩水稻，容易倒伏，造成减产，建议改种‘珍珠矮’。据我了解，这个品种抗倒伏，而且结穗饱满，完全可以在我们红旗大队全面推广。第四是种植的方式有问题。我们现在采用的是水稻疏植，8×10，植株少，当然结穗也少。我的意见是改疏植为合理密植，同时，改单季稻为双季稻，大幅提高产量。”

与会的村干部们非常佩服谷文昌在这么短的时间内就把情况摸得那么清楚、那么准确，对他提出的“四改”意见一致赞同。支书王定权更是来了精神头：“老谷，还有什么好点子，再跟我们说道说道。”

谷文昌接着说：“刚才我们说的都是水稻种植方面的问题，我想再说一说人的因素，关键要想办法调动社员的劳动生产积极性。我们现在采取的是按出勤计工分，干好干坏一个样，挫伤了社员的积极性。我想起在东山植树造林的时候，县委制定了集体种植实行包工、包产、包成本、包质量的‘四包’政策，调动了群众植树造林的积极性，百姓形象地说‘做计件，拼性命’。我们可以借鉴这一做法，把效率、质量、报酬统一起来，实行功效挂钩。”有支委担忧：“这样好是好，但会不会被当作不讲‘政治挂帅’？”谷文昌很坚定地说：“我们这样做是为了发动群众生产的积极性，解决好群众温饱问题。什么是讲政治？关心群众生活就是讲政治。”性格爽快的王定权一挥手：“老谷说得对，就这么干。”

说干就干，谷文昌的“四改四包”举措取得了显著成效，1970年，红旗大队亩产稻谷达千斤，成为全公社第一个农业发展跨“纲要”的大队。红旗大队的社员留足了口粮，还卖给国家8万斤征购粮。

秋收后的山村，一派火红景象。粮食充足的社员，有的娶媳妇，有的盖新房，好不热闹。村里建了许多粮仓，望着堆得满囤满仓的金黄稻谷，不知哪个村民脱口而出“谷文昌给我们带来了谷满仓”。从此，“谷满仓”这个名字在禾口群众中广为传播。[1]

① “谷满仓”的故事参见吴玉辉：《谷文昌》，中共中央党校出版社、福建人民出版社2016年版，第117—122页。

谷文昌："典型"是如何被塑造出来的？

"典型"是指有代表性的模范人物。这些年来，董存瑞、雷锋、焦裕禄，一个个不同历史时期的重要典型，充分发挥了榜样的无穷力量，感召和引领着人们奋勇向前、砥砺前行。

但一直以来，我始终想不明白，这些典型是如何被塑造出来的呢？换句话说，确实有这么一位模范人物，在某个地方某个领域做出了很大成绩，那么，他（她）是如何一步步被塑造成一个典型的呢？还有，这些年来，典型被污名化的现象屡屡出现，究竟是典型本身的问题，还是确实是被"污名化"了？还是说有别的什么问题，导致了这种污名化现象的存在？

2021 年是中国共产党建党 100 周年，也是谷文昌逝世 40 周年，东山县决定出一本《谷文昌年谱》向建党 100 周年献礼、纪念谷文昌逝世 40 周年。我参与了该书的编撰，这让我有机会了解到谷文昌这个典型被塑造起来的过程，也一点点解开了内心关于典型被污名化问题的疑惑。

（一）项南的遗憾

谷文昌被作为一个典型推向全国，有 3 个人发挥了重要作用。

第一个人，是福建省原省委书记项南。

1981 年 1 月 29 日，刚刚走马上任的福建省委书记项南在东山调研，了解到了谷文昌和县委一班人带领全县军民经过 14 个春秋的拼搏奋战，从根本上改变了东山旧貌事迹，亲身体验到了东山人民对谷文昌同志的肃然起敬和称赞不已，非常激动地说："搞四化建设就需要这样的好干部。"当他询问谷文昌同志的近况时，听说他已身患绝症，正在漳州医院住院治疗，当即决定连夜启程赶往漳州看望谷文昌。

听到这个消息，病入膏肓的谷文昌很兴奋，双眼放射出光芒，他的老伴和儿女见此情景喜出望外，以为他又有希望了，考虑到当天晚上下雨，谷文昌的家人转告项南书记说："老谷的病见好，您就明天再来吧！"项南书记于是与漳州地委的领导人约好，第二天一早就到医院看望。

不幸的是，就在这个夜晚，年仅66岁的谷文昌永远地闭上了双眼，给项南书记留下了深深的遗憾。

谷文昌去世的第二天上午，项南及其他省委领导来到医院，向谷文昌的遗体告别。离开医院后，项南书记交代随行的《福建日报》总编辑徐明新：谷文昌同志逝世要发消息，要写他带领人民改变东山恶劣自然环境的功绩，稿件要放在第一版。他还亲自修改徐明新写的新闻稿，标题改为《为东山人民造福的谷文昌同志去世》，副标题为《省委领导同志亲自慰问他的家属》。

《福建日报》的这则报道，使谷文昌这一"为民造福"的典型被塑造了起来，并在福建全省范围内产生了很大的影响力。

（二）张全景的"道听途说"

第二个人，是中组部原部长张全景。

2003年2月21日，《人民日报》《光明日报》《新华日报》《农民日报》等媒体的头版发表了同一篇文章《永远活在人民心中的县委书记——谷文昌》，引起了巨大的社会反响。

作者以饱满的热情、一万多字的篇幅，记录了谷文昌老书记和县委一班人带领全县军民植树造林防治风沙，打水井、建水库抗旱排涝，修公路、筑海堤、建海港、造盐田……坚守14年使东山岛从荒岛变宝

岛的事迹，读来十分振奋人心。

文章的作者张全景，中组部原部长，写这篇文章的时候已经 72 岁了。这让人很难理解，为什么一位退下来的正部级领导干部会笔端带着感情去书写一位已经去世 22 年，自己完全不认识、也没有打过交道的县委书记呢？

也是巧了，这次编撰《谷文昌年谱》一书，县里拟邀请张全景为此书作序。为此，我专程回京拜访了张全景，了解到了一位退休的部长与一位去世的县委书记之间虽未谋面却心灵相通的奇妙缘分。

91 岁高龄的张全景虽然听力和视力有些下降，但思路依旧非常清晰。他深情地回忆起自己当年采写谷文昌事迹的过程，幽默地说，谷文昌的事迹是他道听途说来的：

“2002 年，我去福建调研，当地一位领导陪着我，他说我们漳州这个地方，有个模范干部——谷文昌，带领群众植树造林防风固沙。当时，治理风沙的县委书记焦裕禄已经是全国典型了，难道谷文昌比焦裕禄还突出吗？他们反映说谷文昌比焦裕禄还突出。由于那时候交通不方便，去东山需要多增加几天时间，所以那次就没有去实地调研，但我让他们把谷文昌的材料先找来给我看看。结果他们找了报纸、刊物、电视片一大摞，我带回北京看完后，发现谷文昌的事迹确实突出。虽然他已经去世很多年了，但现在的干部需要他这样的全心全意为人民服务的精神。于是，我又专门去福建做了一次实地调研，写出了这篇文章《永远活在人民心中的县委书记——谷文昌》，希望能够起到触及人心、启示教育的作用，让谷文昌精神永驻人心。”

一次“道听途说”引发了一段奇缘，张全景部长的文章发表之后，在社会上引起了强烈的反响，谷文昌因此从福建走向了全国，成为在全国范围内具有一定影响力的领导干部人物典型。2003 年 7 月，福建省委报请中央办公厅批准兴建谷文昌纪念馆。2004 年 2 月，谷文昌纪念馆建成开馆，中央领导指示，要“把谷文昌纪念馆建成全国学习弘扬谷文昌精神的爱国主义教育基地”。

（三）习近平总书记的点赞

第三个人，是习近平总书记。

谷文昌是被习近平总书记点赞次数最多的县委书记，他 9 次点赞谷文昌。

早在 2001 年，时任福建省省长的习近平就参观了谷文昌陵园，向谷文昌塑像敬献了花篮，点赞道，“谷文昌先进事迹再次证明，人民群众总是最公正的。我们干部一定要为官一任、造福一方，自觉地为人民服务”。

离开福建以后，到浙江、到中央，习近平总书记又多次提到谷文昌，提到东山的沙滩和木麻黄，称赞“东山的沙滩比三亚还漂亮”。

2005 年，时任浙江省委书记的习近平在《浙江日报》“之江新语”专栏发表了一篇题为《“潜绩”与“显绩”》的文章，以谷文昌为例谈正确的政绩观：“福建东山县的县委书记谷文昌之所以一直受到广大干部群众的敬仰，是因为他在任时不追求轰轰烈烈的‘显绩’，而是默默无闻地奉献，带领当地干部群众通过十几年的努力，在沿海建成了一道惠及子孙后代的防护林，在老百姓心中树起了一座不朽的丰碑。这种‘潜绩’，是最大的‘显绩’。我们常讲的金杯银杯不如老百姓的口碑，金奖银奖不如老百姓的夸奖，说的就是这个道理。”

2015 年 1 月和 6 月，在与中央党校第一期县委书记研修班学员座谈和会见全国优秀县委书记时，习近平总书记都谈到县委书记要以谷文昌为榜样，努力成为党和人民信赖的心中有党、心中有民、心中有责、心中有戒的“四有”好干部。

习近平总书记的点赞，使谷文昌与焦裕禄、杨善洲等一起，成为“县委书记的好榜样”。2016 年 6 月 22 日上午，在中国共产党成立 95 周年之际，谷文昌雕像在中央党校落成，放置在学校西侧 17 号至 19 号学员楼之间，与焦裕禄雕像东西对称。这是继马克思、恩格斯、毛泽东、邓小平、焦裕禄之后，在被誉为党员干部“红色摇篮”之称的中央党校落成的又一座“红色雕像”。

2019 年 9 月 12 日，谷文昌干部学院正式揭牌办学，这是一所集党性教育、学习交流、实践锻炼于一体的党员干部教育培训学院，被中组部列入干部党性教育基地备案目录，并被确定为福建省党员教育培训示范基地、福建省纪检监察干部教育培训基地、福建省人大代表培训基地、福建省委党校教学基地。

写到这里，我合上电脑，起身回了一趟中央党校北院（本文写于 2021 年 3 月 10 日，我回京拜访张全景部长期间），在 17 号和 19 号学员楼之间、西区研讨教室前，看到了老书记的塑像。事实上，之前回北院上课，大多都在西区研讨教室，但那时的我从来不会想到，院子里的这座塑像，和自己之间会有如此紧密的联系，是缘分吗？更是我之幸运。

于是，在我的工作单位中央党校，我以东山县委常委、谷文昌干部学院副院长的身份，向老书记致以崇高的敬意！

（四）对得起谷老

谷文昌这个典型，是如何被塑造出来的呢？

张全景在《永远活在人民心中的县委书记——谷文昌》一文中写到：丰碑是由事业和民心铸成的。

首先，要做出一番事业，也就是我们常说的“有为才有位”。一位朋友留言说：典型，还是典型者自己塑造出来的。“为”，是典型者自己可以塑造的部分，是塑造典型的核心与基础，谷文昌的“位”就源于他的“为”。习近平总书记说：谷文昌在任时不追求轰轰烈烈的“显绩”，默默无闻地奉献，带领当地干部群众通过十几年的努力，在沿海建成了一道惠及子孙后代的防护林……这样的“为”，让1963年前来东山考察的时任省委书记叶飞感到“吃惊”：青山绿水，禾苗茁壮，两三米高的木麻黄在海岸线上，形成了绿色的长城。清新湿润的空气，让东山没有一点久旱之岛的影子。他当即提出让谷文昌在即将召开的全省农村工作会议上介绍经验，并向省委建议重用谷文昌。

“为”与“位”的关系，一目了然。

有“为”之人，即便离开这个世界，也不会缺“位”。谷文昌去世之后一步步被塑造成典型，过程中起关键作用的三个人，全部都是党内位高权重的领导，虽然此时的“领导重视”已经不可能是现实世界中的提拔重用，但通过他们几位接力式的事迹宣传，使谷文昌与焦裕禄一起，成为“县委书记的好榜样”。

其次，人心是最大的政治。项南在谷文昌去世后慰问他的妻子史英萍时说：“谷文昌同志南下福建，把自己的精力全部献给东山人民和福建人民……”是的，谷文昌对东山人民倾注了自己最真挚的情感、最深沉的爱，并以高超的领导艺术和工作方法，为官一任，造福一方，彻底改变了东山岛恶劣的自然环境，带领东山人民走上幸福之路。这一切都实实在在地发生在公共治理领域，群众雪亮的眼睛看得清清楚楚明明白白。因此，爱出者爱返，福往者福来，才会有“先祭谷公，后拜祖宗”的民间自发选择，也才会有张全景部长所说的“在福建省，凡是知道谷文昌的人，无不对他肃然起敬，大加赞扬”。

那么，为什么会出现典型被污名化的现象呢？

我的体会是，塑造典型，一定要尊重历史和事实，尊重常识和人性。30集电视连续剧《谷文昌》在央视一套黄金时段播出后，有东山的老干部给县委写信指出电视剧中存在的若干基本事实出入。我很感慨，谷老的“为”，何必因为这样的宣传受到质疑呢？更不用说像“新婚之夜抄党章”这样的新闻，更是悖离了起码的常识和人情，不仅没有实现塑造典型的目的，反而让自己成为“高级黑”的“典型”。

所以，在《谷文昌年谱》的编写启动会上，我在最后总结时强调，谷书记自身的作为足以打动人心，不需要任何粉饰和拔高，《谷文昌年谱》的编写，一定要尊重历史，尊重事实，对得起谷老，对得起自己，对得起后人。

旗 水 库

高山仰止

02

『不愧一代完人』黄道周

『河出图，洛出书』，被誉为『宇宙魔方』的河图洛书，其来由一直是中华文明史上的千古之谜，而黄道周以易理历数释天解地的『天方盘』，在中国文化史上，也成为一个不解之谜。

而谜底，就藏在那向东门屿漂来的一叶扁舟里，鲜衣怒马，翩翩少年。

（一）

1590年，也就是距今430年前的某一天，一个5岁的垂髫小孩跟着老师学《论语》，突然问了老师一个问题："一二叶书，孔子止教人读书，有子如何教人孝弟？孔子止教人老实，曾子如何教人省事？"

从题干可以推断出，这一天老师应该是讲到了《论语·学而》，其中，有子曰："其为人也孝弟，而好犯上者，鲜矣。"曾子曰："吾日三省吾身：为人谋而不忠乎？与朋友交而不信乎？传不习乎？"

翻译过来就是，有子说，孝顺父母，顺从兄长，而喜好触犯上层统治者，这样的人是很少见的。曾子则说，每一天我都要不断反省：替别人做事有没有尽心竭力？和朋友交往有没有守诚信？老师传授的知识有没有温习？

所以，小孩的问题大概意思是：从书上看，孔子只是教人们要"学而时习之，不亦乐乎"，为什么有子却教人们要孝顺？孔子只是教人们要"仁义礼智信"，曾子为什么却要教人们"三省其身"？

老师当下就懵了，没错啊。"孔子止教人读书，有子如何教人孝弟？孔子止教人老实，曾子如何教人省事？"这究竟是为啥？你问我，

我问谁去?

430年后，看着小孩提出的问题，我的眼前竟然呈现出一个浩如烟海的学术理论世界，令我感慨不已。上下五千年，当学术领域里有某位大咖提出某个核心思想或观点，其拥趸者一定会在此基础上从各个角度各个层次不断阐发，经年累月，一个层层叠叠、纷繁复杂的学术理论体系就被建构了起来。佛学如此、数学如此、心理学如此、物理学如此、社会学如此、新闻学如此，学科门类如此，学科门派亦如此。

以至于之前人们讲“博士”，指的是上知天文、下识地理的“知识渊博之士”，是讲广度的，而今再说“博士”，则只能讲深度，指某个狭窄的专业领域里有一定研究深度的“学者”，或顶多也就是个“专家”罢了。

事情演变到这个地步，因果关系居然蕴含在一个孩子的问题里：“一二叶书，孔子止教人读书，有子如何教人孝弟？孔子止教人老实，曾子如何教人省事？”

问题是，这个孩子只有5岁呐！儒家讲究“格物致知”，照这么个“格”法，会“格”出什么来呢？

徐霞客称其为“字画为馆阁第一，文章为国朝第一，人品为海宇第一，其学问直接周、孔，为古今第一”；《明史》记载曰：“学贯古今……精天文历数皇极诸书……学者穷年不能通其说”；乾隆皇帝赞其“不愧一代完人”。

这个小孩，叫黄道周。

（二）

那天，本来是去参观潘天寿故居的，但奇妙的感觉却来自黄道周。

故居二楼是展馆，前言部分是对潘天寿的总体介绍，其中有这样一句，“笔墨有金石气，朴厚劲挺，气势雄阔，题识跌宕疏斜，有黄道周风”。

有人说，人生最美好的是相遇，最难得的是重逢。在东山，我“遇到”了黄道周，却没有想到，在潘天寿故居，又突如其来与其“重逢”，感觉真得很奇妙。

后来想想，其实也算正常，黄道周系一代书法大家，沈曾植、沙孟海、潘天寿都曾师学于他，沙孟海评价他的书法为“明季第一人”，而在黄道周纪念馆，展有潘天寿对黄道周的评价：性严冷方时，不偕流俗，诗文敏捷，书画奇古，尤以文章风节高天下，山水人物，长松怪石，极为磊落。

梁启超在《明清之交中国思想界及其代表人物》中，列举了晚明各派学术的代表人物十二类二十四人，其中首列的就是黄道周、刘宗周[①]；黄宗羲谓“漳海之学如武库无所不备，而尤邃于《易》”[②]；《四库全书》评价其讲学，谓“凡天文、地志、经史、百家之说，无不随问阐发”[③]。

黄道周的学问是如何修来的呢？庄起俦编的黄忠端公年谱记载：“(万历二十年，年八岁)即能为比偶文。顾独喜挟册走最高峰，倚松欹石，踽踽忘返。”有人因而归结曰：“黄道周于山海之中，听松涛阵阵，观海波荡漾，读书其间，胸中气象为之开阔。”[④]

那么，他在哪里“倚松欹石”呢？东山人八哥在《黄道周传》中写道，当时，黄道周常常跟随哥哥驾一叶扁舟，东渡到铜山城对面的一座小岛屿耕读。这座岛屿由于位于城东门对面二里远的海面上，故称东门屿。

而今，“一叶扁舟”虽已不在，但你若是乘坐渡轮“串岛游”来到了东门屿，在半山腰处，一定会看到那个少年黄道周常在这里废寝忘食地读书的天然斗形大石室，黄道周将此处称为“石斋”，并以“石

① 陈良武：《黄道周学术思想与文学研究》，人民出版社 2015 年版，第 24 页。
② 同上，第 6 页。
③ 同上，第 27 页。
④ 同上，第 300 页。

斋"作为自己的号，而黄道周自己，也被尊称为"黄石斋""石斋先生"等。

如黄宗羲所言，黄道周"尤邃于《易》"，这大概也是为什么他在69岁高龄之际，还在海昌等地积极传授黄道周易学的原因吧。那么，黄道周究竟有多么精通《易学》呢？《明史》记载曰：殁后，家人得其小册，自谓终于丙戌，年六十二，始信其能知来也。[1]也就是说，他在生前，就已经通过象数的推理，算出了自己的大限。

在东门屿，要离开石室时，管理处的林主任说，这里还留存有黄道周当年画下的八卦图，"是吗？在哪里？"林主任掀开了墙上的一块红布，一个深深刻进石头的卦象呈现出来——上离下坎，"是未济卦啊！"我不由感叹了一声。

回顾黄道周自己的命运，又何尝不是如此呢？

① 陈良武：《黄道周学术思想与文学研究》，人民出版社 2015 年版，第 154 页。

（三）

未济卦是周易第六十四卦，也是最后一卦，离上坎下，离为火，坎为水，火在水上，火势压倒水势，意味着救火大功未成，象征着事业未能完成，故称未济。

古者庖牺氏之王天下也，仰则观象于天，俯则观法于地，观鸟兽之文与地之宜，近取诸身，远取诸物，于是始作八卦。令人唏嘘的是，周易六十四卦以“乾”开始——大哉乾元，万物资始，乃统天——一副欣欣向荣的样子，却以“未济”结束，仿佛在以“仰观俯察”的实证精神残酷地告诉世人，事情终究是未济的，世界终究是不完美的，人生终究是不圆满的。

黄道周也不例外。

他虽为神童，却大器晚成。1622 年，37 岁的黄道周中进士，先后任明天启朝翰林编修、经筵展书官，崇祯朝翰林侍读学士、经筵展书官、詹事府少詹事。1630 年，崇祯皇帝对袁崇焕案追究责任，原大学士钱龙锡被牵连，论定死罪，整个朝廷只有黄道周出于义愤，为钱龙锡据理争辩，钱龙锡得不死，他却被连降三级，后又因弹劾大学士杨嗣昌，当面顶撞皇帝，被连贬六级赶出京城。但是，当崇祯帝良心发现让他官复原职时，他反而心灰意冷，告老还乡，结庐先人墓侧，专心著述讲学，听讲者号称千帆相竞。

如此，也就可以安享晚年了，但树欲静而风不止。此时的黄道周，已是公认的儒林领袖、一代宗师，崇祯帝煤山自缢后，明朝宗室在南方相继建立政权，争相延聘他为之站台，弘光帝任他为礼部尚书，隆武帝更是封官武英殿大学士兼吏、兵二部的尚书，上承天子，下管百官。

但这是一个枪杆子里面出政权的年代，隆武帝不过是郑成功的父亲郑芝龙拥立的一个傀儡皇帝，当黄道周采取联寇抗清政策想北伐中原的时候，郑芝龙一兵一卒也不给他，有兵部尚书之名却无实的黄道周不得不文人出征，行前，隆武帝只能给他几百张空白文书，所到之处作为对参军者的奖状。

蔡夫人[①]在家听到丈夫出关的消息时长叹一声：“哪有将在内相在外而能成大事的？道周死得其所了！”果不其然，靠忠义之气集结起来的这支以锄头扁担为武器的家乡“扁担兵”不堪一击，黄道周被俘，英勇就义，行刑前留下血书：“纲常万古，节义千秋；天地知我，家人无忧。”100年后，皇帝乾隆推崇他为“不愧一代完人”。

吊诡之处恰恰在于，这位易学大师参破天机算出了自己的寿数，却算错了明朝的寿命，在《与金将军书》中他说：“明家之祚，尚二百余年，仆不惮出山，起而佐之。”[②]岂知紧随其后，明朝大厦瞬间倾覆。

这是不是意味着，说到底，还是“天机不可道破”呢？

东门屿的石室里，未济卦抓石留痕。那是在更早的时间，黄道周所宣示的世界观。

（四）

东山黄道周纪念馆的大厅，有一块“节义千秋”的石匾，字体遒劲有力，由当代著名画家刘海粟所题。

---

① 蔡玉卿(1612-1694)，名润石，字玉卿，福建漳州龙溪鹤峰(今龙文区蔡坂村后吉社)人，黄道周的第二任夫人，著名书法家。

② 陈良武：《黄道周学术思想与文学研究》，人民出版社 2015 年版，第 275 页。

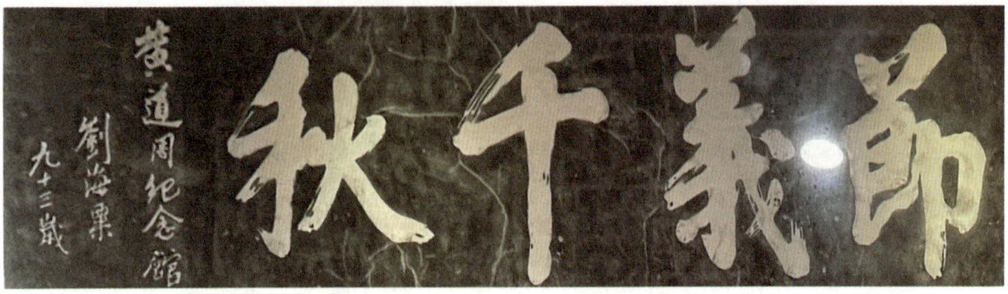

一位远在上海的绘画大师，为什么要欣然提笔为小小的东山岛上的黄道周纪念馆题词呢？因为在历史的时空里，艺术作为一种人类文明的结晶，总是以我们想象不到的方式在传承。比如，从黄道周到刘海粟。

郭沫若曾经写过一首诗：“大夫二十九，盘屈若龙虬。劈面风生寒，当头石怒吼。狡哉存天子，珠玑难脱手。赢得办学资，骊球仍依旧。更有大赚头，盛事长不朽。”这首诗讲了一个故事，说有一位画家珍藏了一幅画，这幅画一共画了 29 棵松，画法精细苍秀、墨韵苍润，取法严谨而又高古简逸，如郭沫若所言，“大夫二十九，盘屈若龙虬。劈面风生寒，当头石怒吼”。这位画家特别喜欢这幅画，但为了筹办学资，不得不忍痛割爱，卖掉了这幅心爱的收藏品。

郭沫若诗中所说的这位画家，就是刘海粟，所说的这幅画，就是黄道周的《群松图》。

1912 年，刘海粟与乌始光在上海开创了上海图画美术院（后改为上海美术专科学校，即南京艺术学院前身），但办教育是需要真金白银的，当上海美专的办学遇到困境时，刘海粟不得不把手头的藏品拿出来变卖掉，以维持办学。而他拿出来的几幅作品中，就有这幅《群松图》。

他侥幸地希望买家最好不要选中这幅作品，但买家看中的偏偏就是这幅作品。真舍不得呀！于是，他和买家通融说，可不可以给我一个礼拜来临摹这幅作品，买家倒是慷慨地同意了，但一周之后，当他把《群松图》交给买家时，还是非常遗憾地感慨，我还是没有临摹到这幅作品的风骨！

黄道周的画多以松树为题材，据《黄漳浦集·画松跋》记载：“儿

时喜写松柏、常以奇挺为能……已卯春三月偶作于七串阁（注：应为九串阁）”，后来他留下来的国画有《十八松图》《陆游像》《群松图》等 25 幅，多以松树题材为主。

而当代美术界，刘海粟以画黄山松而出名，《艺境大师不朽的业绩——刘海粟的艺术教育思想、创作特色和贡献》一文认为，刘海粟的创作道路直接受黄道周这位“老师”影响，不仅书法学习黄道周，绘画更是以黄道周为圭臬，他赞黄道周人如苍松、气节千秋，极其珍贵，很早的时候就收藏了黄道周的《群松图》，作为自己临摹的范本。

所以，在东山黄道周纪念馆筹备开馆之际，东山画家、福州画院院长朱文铸代表东山向刘海粟提出题词的请求，其时正在黄山的刘海粟欣然提笔，写下了“节义千秋”四个大字。

虽然黄道周的画解了刘海粟的燃眉之急，留下了一段画坛佳话，但在之后的 1926 年，上海美专还是因为使用了裸体模特而被迫关闭，刘海粟本人也被以“学阀”的罪名通缉——毕竟那是一个“男女授受不亲”的年代，人们还是很难接受“提倡一丝不挂的刘海粟”。

为此，刘海粟远赴日本和欧洲，直到 1932 年才回到上海，之后，为了创作松树，他十上黄山写生，尤其是晚年使用了泼墨和泼彩技法后，他的松树题材作品更是自成一家，成为黄山画作中的一绝。

（五）

何为流芳千古？

在伊犁参观王蒙书屋时，我对这个问题有了更深的体会。

常言道，盖棺定论。但王蒙作为一个当代作家，因为“文化大革命”期间在伊犁安家落户劳动生活了6年，不仅学会了维吾尔语，和当地的维吾尔族百姓打成了一片，而且还创作了《哦，穆罕默德·阿麦德》等8篇与伊犁相关的小说，记录了那段奇特而难忘的经历。所以，在他离开伊犁后，这里的人们将他在此地时居住的地方打造成了“王蒙书屋”，既表达了对老朋友的怀念，也作为一张难得的地方文化名片留存了下来。

因此，漫步“王蒙书屋”时，我的感觉是，每一处，甚至每个角落，都弥漫着“芳香”的味道，但王蒙先生还健在，我又怎么敢说这就是传说中的“流芳千古”呢？

东山作为一个海岛，自然资源得天独厚，天蓝水碧海湾美，沙白林绿岛礁奇，是旅游目的地的一个必然选择。另一个事实是，在这个小岛上，人文的光芒与蓝天碧海交相辉映，县里将其总结为“三公文化”，即关公、谷公和黄公。关公，指的是关羽，东山的关帝庙是台湾岛近千座关帝庙的香缘祖庙；谷公，指的是被习近平总书记赞为“在老百姓心中树起一座不朽的丰碑”的老县委书记谷文昌；黄公，指的就是黄道周。

他们，都算得上是名副其实的流芳千古。

如毛主席所说，“一个高尚的人，一个有道德的人，一个纯粹的人，一个脱离了低级趣味的人”，黄道周称自己“生年以来，未有一言一事内不可告于妻子，外不可告于朋友，幽不可告于鬼神，明不可告于黎献者”[①]，大概也是因此，顾诚在《南明史》中才作出“守正而不能达变，非栋梁之材”的评价吧，仓央嘉措不是说“一个人需要隐藏多少秘密，才能巧妙地度过一生”吗？

但无论如何，这是个天才般的存在。

① 陈良武：《黄道周学术思想与文学研究》，人民出版社2015年版，第216—217页。

黄道周出生的时代，东山岛隶属漳浦县，著名的“天方盘”就在他晚年讲学的“东皋书舍”，我专程前往拜访。当时的村子，已经根据黄道周的号更名为石斋村；“东皋书舍”变身为黄道周纪念馆；“天方盘”在明诚堂的院子里。

那是一个用巨大的花岗岩建成的台子，几乎填满了整个内院，台面上刻着 16384 个格子和 8 个大小不一的圆圈，这是黄道周用于观天象、测风雨和二十四节气变化预兆的教具。据说他曾著有一书，讲解如何使用该盘，但书不知道什么时候失传了。300 多年来，无数文人学者慕名前来，但其高深的奥秘始终无人解出。

“河出图，洛出书”，被誉为“宇宙魔方”的河图洛书，其来由一直是中华文明史上的千古之谜，而黄道周以易理历数释天解地的“天方盘”，在中国文化史上，也成为一个不解之谜。

而谜底，就藏在那向东门屿漂来的一叶扁舟里，鲜衣怒马，翩翩少年。

03

串岛游

东山岛拥有248平方千米的葱茏大地、162千米的风情海岸线、10多个延绵的月牙海湾、66个星罗棋布的静谧离岛，可以在晨曦微光中感受海上日出的心跳，可以在串岛逐浪中体验乘风破浪的刺激，可以在海滩漫步中呼吸纯净浪漫的空气，可以在夜深人静时倾听来自大海深处的阵阵涛声，可以感受南岛语族的风土人情，还可以来晒晒1300多种海鲜的美食图谱。

刚来东山时，我参加了一个两岸文化交流的活动——海峡两岸（福建·漳州）融晴文化艺术展。泰伟书记在致辞时说："东山岛拥有248平方千米的葱茏大地、162千米的风情海岸线、10多个延绵的月牙海湾、66个星罗棋布的静谧离岛，可以在晨曦微光中感受海上日出的心跳，可以在串岛逐浪中体验乘风破浪的刺激，可以在海滩漫步中呼吸纯净浪漫的空气，可以在夜深人静时倾听来自大海深处的阵阵涛声，可以感受南岛语族的风土人情，还可以来晒晒1300多种海鲜的美食图谱。"

静谧离岛？串岛逐浪？这都是怎样的一种存在啊？听得我充满了遐想和迫不及待的心向往之。

"串岛游"，就是把一个个各具特色的岛屿，串在一起游玩，而那些不同风格的离岛一旦串起来，就会使游玩者在乘风破浪中不断保持着期待中的未知感和神秘感，以及看到时的新奇感和兴奋感。

几个月下来，我终于抽时间把对"静谧离岛""串岛逐浪"这八个字的所有想象，都转化成了最真实的记忆。

串岛游，得坐着快艇在海面上风驰电掣地驶向一个小岛，驶离一个小岛，再驶向另一个小岛……直到把几个有特色的小岛全部玩完。

需要说明一下的是，叙述的过程中我发现，串岛游的说法是不对的，怎么不对呢？

严格来讲，当我们说岛屿时，岛和屿是有区别的，区别在哪里呢？面积。

一般来说，大于等于 1 平方千米的离岛称之为“岛”，小于的则称之为“屿”。这么说来，洪书记所说的“串岛游”应该叫“串屿游”才对，因为这几个离岛，像东门屿、马鞍屿、尾窝屿等几个小岛屿的面积都不足 1 平方千米。

但问题是，如果说“串屿游”，听起来是不是怪怪的呢？就像我们经常说“晒太阳”，哪里是“晒太阳”，分明是“太阳晒”才对嘛！所以，在这里，约定俗成，我们还是叫“串岛游”哈！

好。上岛前，得先坐着快艇在海面上风驰电掣，风光已然不同。波涛起伏中，与鸣着汽笛的轮船，游弋在海面上的渔船，白色的、蓝色的、红色的，擦肩而过，不时地，大小不一、形状各异的灯塔映入眼帘，在茫茫大海之中为航海人指引着方向，讨海人养殖的渔排，整齐而又集中地罗列在某一处海面上。若是回眸看，城市的轮廓缩减为一幅景观画，延绵的一个个月牙型海湾，与湛蓝的天空辉映，延展了城市画幅的景深。那些离岛，依然静谧，只是在游人的心里，它们已经被串在了一起。

那么，在那些孤独的离岛上，究竟有着什么样的景观？即将正式登场的串岛游，惊不惊喜，意不意外呢？

东门屿

（一）

串岛游的第一站，必须是东门屿。

为啥？

各种“之最”。

比如面积“之最”大。在东山岛外星罗棋布的66个静谧离岛中，东门屿的面积算是最大的一个，80.514公顷，离1平方千米就差那么一丢丢，所以称之为“屿”而不是“岛”。

再如名气“之最”大。东门屿被誉为海上仙山，同厦门的鼓浪屿、温州的江心屿和台湾的兰屿，并称为中国四大名屿。这个名头，应该还算得上响亮吧！

又如海拔“之最”低，指的是岛上的东明寺。东门屿北段的东明寺，是全国海拔最低的寺庙，海拔只有60多厘米，几乎与海平面持平；凑巧的是，东明寺与大海的距离，也只有60多厘米；更有意思的是，海拔这么低的一座庙，有宋以降，历经无数次的台风地震，却是大浪不能侵其前，大风不能撼其基，若说不是个奇迹，好像也不太能说得过去。

东门屿是一个近似“土”字形的岛屿，汇集了自然风光和人文景观之美。人文的部分，除了东明寺，还有太阳纹岩画群，据说是南岛语族留下来的人类活动遗迹，当然，还有被乾隆皇帝誉为“不愧一代完人”的黄道周。这位之所以被称为“石斋先生”，就是因为从铜山古城驾着一叶扁舟到东门屿“云山石室”读书而得名。

自然的部分，得先聊聊“一阴一阳之谓道”，东门屿上的“一阴一阳”，有的直观，有的隐晦。

直观的部分，在遍布于岛内的造型独特的奇石中，只要你足够耐心，也足够细心，就能够找到它们。一处似生命之根，一处如生命之门，一阴一阳成双成对，坦然自若地诉说着大自然最原始的秘语和法则。

隐晦的部分，在东门屿中段蜿蜒伸展的沙滩里，一段长约200米的防风林带将沙滩分为东西两部分，东边叫“太阳湾”，西边叫“月亮湾”，而“太阳”与“月亮”的“命名”，并不是为了字面上的富有诗意，而是只有这样，才是真正的“名副其实”，只有这样，才能恰如其分地体现东门屿的“阴阳之道”。

去之前就听说了，“太阳湾”的沙子是粗粝的，“月亮湾”的则要细腻许多。不就隔了200米吗？能有多大差距呢？我心里写满了怀疑和不以为然。

从东明寺出来，踩着“月亮湾”去文峰塔，差不多走到一半，防风林带间露出一片空隙，是一条东向的沙路，穿过去，果然，也就200米的样子，就到了“太阳湾”，肉眼看上去，这里的沙滩似乎和“月亮湾”也没什么区别，但俯身抓起一把沙子，粗粝的感觉却从手指手掌间直接传递了过来，确实不一样。

不就200米吗？是的，虽然相隔200米，但却是两个性质不太相同的海湾。“太阳湾”是外海，气势磅礴，“月亮湾”是内海，温柔静谧，外海波涛汹涌时，内海只是微波细浪，外海细浪逶迤时，内海却是波平如镜，天长日久，同样的沙子，只是相隔200米，却呈现出了不一样的形态，狂放则粗粝，温柔则细腻，如阳刚阴柔，以最鲜活的隐喻凸显了自然与生命的内在一致性。

那么，来吧，来东门屿，在“太阳湾”玩海，在“月亮湾”戏浪，在这里，“一阴一阳之谓道，继之者善也，成之者性也”。

（二）

“你是谁？”“你从哪里来？”“你要到哪里去？”这是无人不知、无人不晓的三大哲学终极之问。“终极”有永恒之意，那是不是也意味着无解呢？

但在这个问题上，人们就像不断推石头上山的西西弗斯，从来不会停止思索和探索。于是，有人在精神层面构建起了庞大复杂的宗教教义体系；另一些人，则从祖先留下的蛛丝马迹中不断追索，试图在物质层面破解人类的起源问题。

这让我想起那次在亚的斯亚贝巴参观埃塞俄比亚国家博物馆的非凡经历。一开始看到那幢四层小楼时我很不屑，这就是一个国家的博物馆吗？别说国博、首博了，和中国各省的博物馆相比也相差甚远，甚至不如一个地级市博物馆的规模和气派。埃塞俄比亚国家博物馆的布展十分简单，展品也非常有限——直到在地下室看到“Lucy”，我们不得不服了。

“Lucy”被誉为“人类祖母”，是1974年在埃塞俄比亚阿尔法凹地发现的一具人类骸骨化石，完整度约为40%。据考证，“Lucy”生前是一位20多岁的女性，生活的年代是320万年前，膝盖外翻，根据骨盆推算生过孩子，脑容量只有400毫升。

“Lucy”肯定还有父母，以及父母的父母，但她的父母，以及父母的父母都没有被发现，她却被发现了，而且是迄今为止被发现的最早的人类化石。所以，“Lucy”被认为是第一个直立行走的人类，是人类非洲起源说的最有力证据。

也就是说，在考古学意义上，人类的祖先就在这幢简陋的小楼之中了，还有什么藏品能够与之媲美呢？这不就是典型的“山不在高，有仙则名，水不在深，有龙则灵”吗？

东门屿没有“Lucy”，但也同样提供了人类行为的一些蛛丝马迹——太阳纹岩画遗迹，数量达七八处之多，散布在东门屿主峰文峰塔东侧的山坡岩石上，颇为壮观。

这些太阳纹岩画群说明，这个岛屿至少在史前时代就有人在这里活动了，据说是南岛语族，顾名思义，是说南岛语的一族。南岛语系是世界上唯一一种主要分布在海岛上的语系，包括1000至1200多种语言，使用人口达2.7亿人，东至太平洋东部的复活节岛，西跨印度洋的马达加斯加，北到台湾岛，南到新西兰。

不难想象，对于那时生活在海岛上的南岛语族来说，所能体会到的一个特别重要的外在，就是太阳带来了光明和温暖，带来了生命和繁衍，所以自然而然，就会生发出“太阳崇拜”。于是，也许还带有巫术色彩，也许已经成为一种自觉的宗教活动。总之，人们会把太阳的样子刻在石头上，然后，虔诚恭敬地祭拜祈福。

那么，东门屿的太阳纹岩画是不是可以证明“南岛语族”在这里的存在呢？他们说，这些太阳纹岩画群是佐证，但大帽山岩画和大帽山贝丘遗址，具有很强的说服力。

这样啊！为什么呢？

这一句“为什么”，开启了我在东山岛的一段考古之旅——披荆斩棘赴贝丘，徒手攀岩到岩画。

（三）

大帽山贝丘遗址在陈城镇澳角村，镇上的人说，遗址在山上，但在考古发掘结束后，已多年没人去过，荆棘丛生，恐怕不一定能走到跟前。

我说试试吧，万一走到了呢？

澳角村的沈干事叫上了村里的老陈，我们开始向山上进发。

车子开到半山腰处停了下来，前面已无路可走，需要自己爬上去。我抬头看了看，可真是南方啊，虽已入冬，但山上的植被密密麻麻，地上杂草丛生，这能过去吗？

我还在犹豫，老陈已经越过山丘，到了丛林之间，我赶紧跟了上

去。只见老陈拿着一把砍刀，左右开弓，杂乱的枝叶纷纷掉落在地，密林间露出一条只容一人通过的空间，尾随着老陈，我们一点点向山上攀爬过去。

距离倒是不远，大概十来分钟吧，老陈和沈干事停在了林间某处，没有任何标志，也看不出有什么特色。

“到了？”我问。

“是。”

我低头看，草木间散落着一些贝壳，一处半米多高的横截面上，满是裸露在外的大大小小的贝壳，让我想起朝阳市鸟化石国家地质公园的“地质长廊”，十余米深的巨型地层剖面令人震撼。那是世界唯一的中生代（距今 1.5 亿年到 1 亿年）化石剖面，忠实地记录了地球生命演化史上的地质变化，从上到下像千层饼一样累叠着不同颜色的泥土层，每一厘米都蕴藏着几万年远古生命的信息和奥秘，让人瞬间产生渺若微尘之感。

那么，我眼前的这一片贝丘，又透露着怎样的生命奥秘呢？

所谓贝丘（Shell Mound），又称贝丘遗址，是一种以文化层中包含人们食余弃置的大量贝壳为显著特征的古代遗址类型，年代主要为新石器时代（距今约 5000 年），有的延续得再晚一些。

这不就是垃圾吗？我哑然失笑。这些年，从垃圾填埋到垃圾焚烧，垃圾处理一直是城市管理中一个令人非常头痛的问题，但是在这里，这些被史前人类扔掉的垃圾，竟然成了宝贝一样珍贵的东西。

大帽山贝丘遗址是在 1986 年被发现的，2001 年和 2002 年由中美联合考古队进行了两次考古发掘。发掘出新石器时代的遗迹 25 个品种[①]，证明了那时生活在这里的人们主要靠渔猎和采集潮间带的螺、贝为生，他们已经懂得磨制石器、玉器、骨器，制作弓箭，烧制陶器、纺织等。[②]值得一提的是，大帽山陶器与台湾澎湖群岛锁港遗址的陶器极其类似，发掘出的绝大部分石锛都是用澎湖群岛的原材料制造的，说明当时两岸已经有贸易往来，表明当时的人们已能制造舟船，并掌握了高超的航海技术，往返于台湾海峡两岸，而这些，都有力地证明了南岛语族在东山岛的存在。

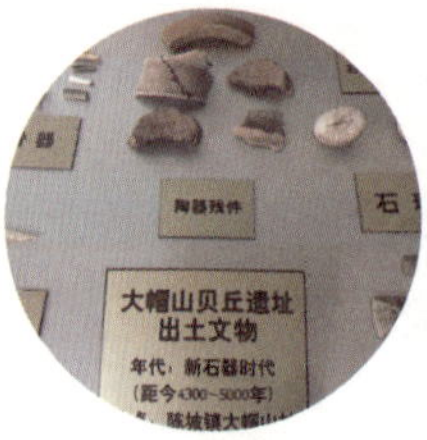

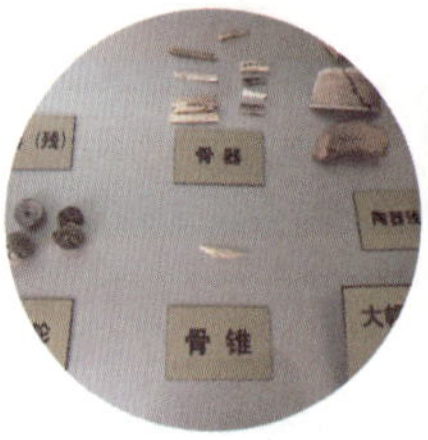

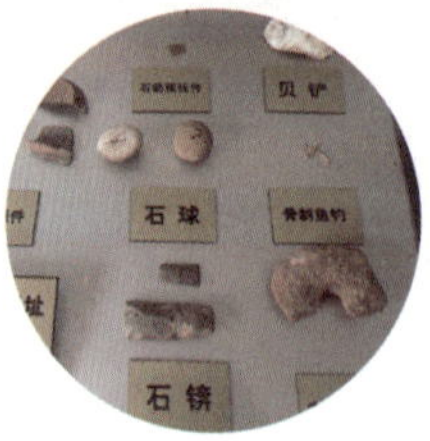

东门屿的太阳纹岩画被认为是东山初民的“日祭神坛”，是青铜器时代闽古越族人的文化遗产，距今 3000 余年，而大帽山贝丘遗址将这

① 鱼类有软骨、硬骨两种，主要是海豚、鲨鱼和哺乳动物骨骼等；动物类有鹿角、猪骨等；陶类有泥质、夹沙陶制罐、陶壶等；石类有石锛、石箭头、石器、玉器；有用骨头做成的鱼钩，还有用于纺纱织布的陶纺轮等生产工具。

② 陈立群：《大帽山太阳岩画调查》，《东山文史资料》（总第 31 辑），第 150 页。

里的人类活动提前到新石器时代，提前了1000多年。那么，在更早的新石器时期，南岛语族是不是也设有祭拜太阳神的祭坛呢？

答案或许是肯定的，因为就在距离大帽山贝丘遗址不远处的山顶上，人们又发现了大帽山岩画，那里，应该就是南岛语族祭日之处。

于我而言，探访大帽山岩画的过程，更加艰险。

（四）

大帽山太阳岩画[①]在大帽山，但具体在大帽山哪个位置，镇里的人也不知道，这让我很沮丧，教我如何不想她？如何才能找到她？

① 关于大帽山太阳岩画的年代及价值，目前文物考古界还没有定论，尚待考证。

踏破铁鞋无觅处，得来全不费功夫。

那天，随手翻阅县政协辑录的《东山文史资料》，看到署名陈立群的一篇文章《大帽山太阳岩画调查》，详细介绍了岩画的发现过程和基本情况。县委办小吴说，这位是东山博物馆前馆长，已经退休，目前在漳州，可以试着联系一下，看看他愿不愿意带您过去。

陈老回复说，周末他会回到东山，可以去一趟。

浪里个浪啊，浪里个浪。

周六一大早，迎着朝阳唱着歌（心里），我们向大帽山进发。

太阳岩画位于大帽山东南角，海拔高度 232 米，距大帽山顶峰仅 20 米。岩画所在的那块巨大的岩石立在一片峭壁陡坡之上的阶地，想要走到跟前，必须徒手从峭壁上攀援过去，别无他途。

我目测了一下，峭壁面积不算大，但山体较陡，即便不是 90° 直角，也得有 60° 左右吧，有恐高症的人肯定是过不去的，但我应该能接受这个挑战。于是，顺着绝壁上的天然石缝，我们手脚并用，开始攀援。

几分钟后，我站到了宽 12 米、高 4.2 米的岩石前，这是山顶之上一块平整如削的巨石，上面影影绰绰留有一些石刻的痕迹，这就是几千年风化之后留存的太阳岩画。

许是阳光直射过来光照太强，岩画的图像有些漶漫不清，很难辨认出具体的内容。但据陈老记载，岩石上共有25个图像，每个图像高在30 ~ 45厘米之间，宽在25 ~ 40厘米之间，包括太阳3个，月亮1个，人物12个，鹿、牛、猪、鱼等动物8个，心形图1个，构成了一幅表现人们祭祀日月、庆祝渔猎丰收的生动场面。

英国人类学家泰勒在《原始文化》一书中提出了“艺术起源于巫术”的观点，认为史前人类企图以巫术为手段来保证狩猎的成功。因此，最初的艺术出于一种与审美无关的动机，有着极大的实用功利价值。从太阳岩画来看，确实如此，画中人物舞蹈动作简单，或双臂上举，或叉腰，双腿叉开，小腿内折，作蛙形舞蹈式——很难说这是一种主动的艺术创作，反倒是更能体现出“交感巫术”的色彩，反映了早期人类崇拜太阳、祈求生育的拜物教特点。

岩画前的阶地面积30多平方米，我们站在上面，同行的陈泗乐老师指点着岩画告诉我们，哪里是太阳，哪里是鱼，哪里是鹿，哪里是人——恍惚间，“蛙人”的图像动了起来，那应该是5000年前的南岛语族，正在这块阶地上，虔诚而又隆重地吟唱着《祭太阳古歌》。

而在山的另一边，就是大帽山贝丘遗址。如果说那里是南岛语族的生活区域，这里，则是他们举办大型祭祀活动的公共区域。那么，一定还有一个地方是他们的墓葬区，可惜无从知道具体位置，不然，说不定就挖出了另一个“Lucy”来呢？

不经意回眸，澳角湾和乌礁湾两个月牙形海湾交汇形成的澳角村“X”湾奇特景象映入眼帘，再极目远眺，东海和南海在那里相会，经年累月的相思激情瞬间融为一体，化作起伏翻腾的波浪难分彼此，海浪的声音，则应和着山巅之上先民祈福的声音，回荡在空荡荡的苍穹。

龙、虎、狮、象

（一）

终于可以“偷得浮生半日闲”，接着写“串岛游”了。

东门屿不愧为“中国四大名屿”之一，我自己也没想到，写着写着，竟然已经写了4篇，还可以再写。比如文峰塔，也是东门屿一处胜景——“东屿文峰”，明嘉靖年间福建右参政蔡潮所建。这是一座亦儒亦道亦释的七层密檐实心石塔，建成后，“铜之登第，自文灿始”。明清时期，东山出了大文人黄道周，出了14名文进士、3名武进士、文举人63名、武举人17名、贡生86名、秀才约800名，“戍卒之徒变成诗家之礼”。因此，东山被誉为“海滨邹鲁”，文峰塔被誉为“漳郡第一文峰”。

但还是不要再展开了吧，不然在整体谋篇布局上这部分的分量太重，也不太好。那么，接下来，就先放飞一下心情吧！虽然内海岛屿还有几个值得一写，比如马鞍屿，比如尾涡屿，但此刻，还是先从内海出来，到外海去，看一看东山岛外广阔无垠的海面上，大自然赋予了怎样的神奇般的存在。

海上动物园！

不妨先想象一下，你觉得在这个“海上动物园”里，都能看到什么样的动物呢？

鲸，还是海豚？不，都不是。是龙、虎、狮和象！

奇怪，这些动物不都是陆地动物（龙除外哈）吗？怎么在东山岛，它们居然都在海上生存了呢？究竟是东山岛就是一个八仙过海的方外之地，龙、虎、狮、象都可以优游自如地栖居海上？还是说东山县脑洞大开，在海面上建了一个又一个的大笼子，把龙、虎、狮、象关进

去，然后吸引游客去参观游览？

都不对。东山岛的“海上动物园”，其龙、其虎、其狮、其象，都各自是一个岛屿，这几个岛屿的外形在某个角度看过去，就是龙、就是虎、就是狮、就是象。实在是太像了。就在澳角村附近的海面上，乘快艇转一圈，十来分钟就可以走马观花看一遍，但若是想仔细品味拍照片，那还是选择坐渔船从海上漂泊过去。

澳角村的林华忠书记说，龙、虎、狮、象，就像四大卫士，护卫着我们澳角村。

他还讲了一个关于龙、虎、狮、象的来历的故事，很有禅意。

（二）

故事是这样的——

很久很久以前，龙、虎、狮、象周游列地，路过澳角村时肚子饿了，就抓了一些渔民欲果腹，垂饵虎口之际，佛祖释迦牟尼出现了，他大战龙、虎、狮、象且战胜了它们，及时制止了惨绝人寰的食人情景。但问题来了，龙、虎、狮、象对佛祖说，您救人没问题，但您不是讲普度众生吗？我们也是生命啊，不吃人得饿死啊！佛祖一想也对，在弱肉强食的食物链条中，龙、虎、狮、象吃人是没有道德问题的，但是，总不能把救下来的人再送回虎口吧？怎么办呢？

大慈大悲的佛祖果断地从自己的胳膊上割下一块肉喂给了龙、虎、狮、象，龙、虎、狮、象深受感动，决定不走了，化作四座岛屿，永久地护佑着澳角人民。事实上，在龙、虎、狮、象四座岛屿的中间，确实还有一座岛屿，长长的一条，仿佛就是佛祖胳膊上割下的那块肉，华忠书记说，这个小岛的名字叫“大肉岛”。

但无论如何，这个故事听上去都十分耳熟，这不就是佛教故事“割肉饲虎”的澳角版本吗？“割肉饲虎”讲的是印度王子摩诃萨埵得道成佛的故事。有一天，王子外出狩猎，见到一只母虎正在为两只幼虎哺乳。可是母虎不仅身体虚弱没乳可喂，而且饥肠辘辘。眼看要吞噬幼虎充饥，摩诃萨埵不忍幼虎丧生，也不忍母虎饿毙，就除去衣衫，深入虎穴，想牺牲自己喂食母虎。但万物皆有佛性，母虎不忍吃掉王

子，王子于是拿竹签刺伤自己，涌出的鲜血激发了母虎的兽性，它舔舐着王子的鲜血，吃掉了他的皮肉。佛经里说：这时，大地震动，天上花瓣和香料像下雨般坠落，王子从此得道成佛，投身兜率天。

我忍不住揶揄林书记，您这故事编得不错哈！他咧着嘴笑，但我自己知道，这个揶揄是褒义的，在茫茫无际的大海深处，当我们坐着渔船漂过海市蜃楼般的龙、虎、狮、象以及大肉岛时，内心深处，确实很需要这样一个故事，一个神圣而渺不可及的故事，与之相呼应。

忽然想起这几天安远县财政局被民众当做“财神殿”去拜的事情，一位朋友在转发时说“想起了《又呈吴郎》”，我倒觉得，去财政局“拜财神”和“堂前扑枣”还是有很大差异的。“堂前扑枣”是“贫到骨”的“挨饿”时代，“拜财神”的年代，“挨饿”早已不再。之所以有这点发言权，是因为安远县是中央党校的 4 个定点扶贫县之一，前年我们专门送教过去。在安远县委党校这个“全国最美县级党校”里，我住了整整一周。马路对面就是“书香公园”，400 亩土地打造成的一个市民公园，“园有界而境深远，境有限而意无穷”，园林的精致之感一点都不输江南园林。

如何解释“拜财神”现象呢？安远县财政局的回应是，“更多的是

一种心理慰藉”。圣凯法师[1]转发时则说：财政局成为财神殿，说明财神殿的社会功能。民众的精神生活就是需要一个去处，无它。

为什么忽然想起这些？因为上次来澳角村调研时，华忠书记曾和我讲起过另外一个故事，也是关于心理慰藉的。准确地讲，是一个他在把握群众心理的基础上推进澳角村建设的故事，其中，“心理慰藉”作为一种工作方法，令我惊叹不已。

（三）

先讲讲“老兄弟”的故事吧。

那年，我们浩浩荡荡去大海道，在茫茫戈壁捡石头，在沙漠深处搭帐篷，在魔鬼之城数星星。

朋友说，几天前他刚刚处理了一具尸骨。

什么？尸骨？

就在那个后面，朋友用手指了指，那是一个千百万年风雨剥蚀形

① 圣凯法师，清华大学哲学系副教授。

成的城堡般的绵延土丘。

怎么处理的?

挖个坑，埋起来。

大海道是汉代打通的丝绸之路，全长五百多千米，汇集了古城堡、烽燧、驿站、史前人类居住遗址、化石山、海市蜃楼、沙漠野骆驼群，以及众多罕见的地理地貌，广漠、空旷、无垠，似海茫茫，因而得名。

可以想象千年之前的这里——层层叠叠天外天，落落寞寞黄沙边。三三两两驼铃队，星星点点有人烟。

但有些确实也想不到，比如朋友问，你们觉得，穿过大海道无人区的驼队，走到大漠深处时，看到什么才会觉得踏实?

人骨。

不用解释。黄沙漫卷无尽路，大漠苍茫有遗踪。

落日，拉长了驼影；人骨，凸显为路标。

但是，似海茫茫的大海道毕竟只是“似”而不是大海，那，如果真的是大海呢?

在澳角村，我听说了另一种人类的存在方式。

澳角村南北各有一个月牙形的天然海湾——澳角湾和乌礁湾。澳角村，就坐落在两个海湾的接壤处，构成“X”湾的奇特景象，是东山岛通往台湾及各地的主要港口，也是个著名的古战场。

自古以来，这里的村民都靠大海为生，以捕鱼为业——乍听上去，这种生活既有范仲淹“江上往来人，但爱鲈鱼美。君看一叶舟，出没风波里”的美好意境，也充满了“长风破浪会有时，直挂云帆济沧海”之豪迈气息。

但是，想想海明威笔下的老渔夫桑提亚哥吧，连续84天都没有捕到鱼，第85天时遇到一条比他的船还长的马林鱼。搏斗两天两夜后，老渔夫终于制服了这条大鱼，不料却在归来的途中遇上了鲨鱼。为了保护大鱼，老人又不得不与鲨鱼展开殊死搏斗，他拼尽老命精疲力竭，倒是战胜了鲨鱼，但那条马林鱼，却只剩下一副被鲨鱼吃剩下的鱼骨架。

这大概就是为什么古人说“能上山，莫下海”的原因——风里来浪里去，又脏又累又辛苦，个中滋味很难一语道尽。但无论如何，桑提亚哥算是幸运的，鱼没了，人还在，而对另一些以此为生的人来说，也许一阵风一个浪之后，就已落海而亡，葬身鱼腹。

所以，出海打鱼的人们一网捞起，里面有鱼有虾，也可能有一块骨头，澳角村的人们称之为“老兄弟”，并会约定俗成地，把“老兄弟”带回来。

起初，“老兄弟”们都被散乱地堆放在村头海边的两棵老榕树下，如今，村里在榕树下建了一间房子，专门用来存放“老兄弟”们，这间房子，叫“万福居”。

我去的时候，正好在下雨，天空，遥远、低沉、浓云密布，大海，苍茫、辽阔、波涛涌动，像历史的风云，也恰如其时，我的心情。

（四）

“老兄弟”的故事，带着一种“灰色是不想说，蓝色是忧郁”的悲凉情调，那是海哭的声音，是讨海人沧桑的命运。所以，出海打鱼的人们会约定俗成地把“老兄弟”带回来，澳角村，还在榕树下建起“万福居”，专门用来存放“老兄弟”。

“万福居”，只是一间10平方米左右的小房子，但当初把它建起来，却也不是想象中那么简单。

澳角村在东山岛的位置，在蝶岛“翅膀”的边缘处，出去就是东海和南海，大帽山贝丘遗址和大帽山岩画都在澳角村附近，说明东山岛最早的人类——南岛语族起初也是选择这里作为栖息之地。更加令人有沧海桑田之感的是，“东山陆桥”也在距澳角村不远的地方，这是一块在8500年前淹没于海底的陆地，也就是说，在这之前，先人们不用坐船，直接通过“东山陆桥”就可以往来海峡两岸。这难免让人联想，如果“东山陆桥”犹在，现代历史是不是要重写？

澳角村海边的山石上，摹刻着四个红色的大字“天涯澳角”，村里规划在这个区域建一个妈祖公园作为旅游目的地，这样的话，散乱地堆放在海边老榕树下的“老兄弟”们就有碍观瞻了，华忠书记想到可以建一间“万福居”来安放它们。虽然怎么看这都是一件好事，但“老兄弟”们的安置，却不是他一个人说了就可以算数。

如何顺利推进这项工作呢？他找到了村里老人协会的会长，说：“昨天晚上我梦见妈祖了，她和我说，村口的老榕树下怎么乌烟瘴气的。”

“真的吗？”

“嗯。”

“那怎么办？”

他顺势提出“万福居”的建议。很快，“老兄弟”们，就被安放在了“万福居”里面。

我问：“您真的梦到了吗？”他说没有。但显然，“妈祖托梦”的说法，解决了“万福居”的建设问题。

但事情还没完，后面还有更大的工作难度。

妈祖公园建成了，哪哪都挺好的，但还来不及高兴问题就来了，偌大一个公园却没有公厕，这不行啊！但是，在哪里建呢？华忠书记对着图纸反复研究，确定一定以及肯定只有一个地方合适，那就是“万福居”旁边。可是，刚刚皆大欢喜地建起了“万福居”，马上就要在旁边建一个公厕，老人协会能同意吗？

工作还得做啊！

他于是带着图纸又来了。你看，真的是得建个公厕，但是真的再没有合适的地方了！会长也很作难，说，要不还是让妈祖来定吧。

“好，既然如此，我来出方案，如何？”

“可以。”

“抽签！距离30厘米、50厘米、80厘米，由妈祖决定。”

他们郑重其事地进行了抽签，妈祖“选择”了50厘米。于是，在距离“万福居”50厘米处，也就是几乎紧挨着“万福居”，公厕被建了起来。

会长难道没有发现这个方案有逻辑谬误吗？本来是有“建”和“不建”两种可能性，但华忠书记的方案，在前提部分就把“不建”这50%的可能性全部排除掉了，只剩下100%“建”这一个选项，而所谓抽签，只是在抽距离多远建而已，而再远，也不过几十厘米罢了。

“其实也就是让大家心理上都能过得去。”小吴说。

确实是这样。也因此，“心理慰藉”在“老兄弟”的故事里，成为一种重要的工作方法，这让我惊叹不已。

（五）

那是东山岛冬季十分难得的一个还可以出海的好天气，我们游弋在无垠的大海上，烈日映射在蔚蓝的海面上，泛起波光点点，龙、虎、狮、象四屿环伺四周，千百年来，它们拱卫澳角，也见证了这个海边渔村破茧成蝶的历程。

我是专程去澳角村拜访沈船长的，大概是《加勒比海盗》中杰克船长放荡不羁、随心所欲的形象过于入木三分，我以为沈船长也差不多那样。所以，当许村长说“这就是沈船长”时，我是很难接受的——身材不魁梧、皮肤不黝黑、着装很时尚、发型很新潮，腼腆地笑，像追风的青年。

但就是这位名叫沈志辉的船长，创建了“沈船长”这个东山海鲜知名品牌，开启了澳角村的电商之路，为“靠海吃海”赋予了新的时代意义。如今，村里的“水产电商一条街”云集了110多家以水产为主业的电商。2019年，交易额达到4亿元，其中，沈船长自己，占到1/10之多。

前途是光明的，道路是曲折的。听下来，我把沈船长的发展历程归纳为九个阶段，可谓九曲连环。

第一阶段：启蒙

“夏三月，川泽不入网罟，以成鱼鳖之长”。2013年，还是典型的打鱼小子的沈志辉，在长达3个月的禁渔期，沉迷游戏之中，没有人会想到，这一看似不良网瘾的习惯改变了一个人，也改变了澳角村光阴的故事。

2013年夏，几位贵州和四川的网友来东山旅游，小沈用刚捕捞回来的新鲜美味的海鲜大餐招待他们，赢得交口称赞，有人感慨说“要是在外地也能买到该多好”，也有人说“在电商平台上，只要你的海鲜足够好，不愁卖不出去”。

电商意识，就这样种在了小沈的大脑中。

第二阶段：偷艺

很快，小沈发现青岛有人在淘宝开店卖海鲜，他很想见样学样，可湿乎乎的海鲜，怎么从网上卖出去呢？于是，他从人家的店里网购，不为别的，只为了拆开看看，别人家的海鲜是如何包装的。

第三阶段：开店

2013 年 9 月，“沈船长”淘宝店上线，小沈踌躇满志，继而愁云满面——无人问津啊，接连 3 个月，都没什么生意可做，怎么办？

第四阶段：促销

还是游戏好友出主意，说我们不是有游戏公会吗？可以通过这个渠道扩大一下影响力。小沈和游戏公会联系，连卖带送，果然把淘宝店的销量冲了上去，慢慢地，生意做了起来。

第五阶段：盈利

2014 年，“沈船长”的关注度越来越高、知名度越来越大，等到年底时，交易额就突破了百万元。

第六阶段：卖船

开了网店，就没时间出海打鱼了，雇人出去，用心程度不一样，很难见收益。是回去接着做渔民，还是彻底转型做电商？互联网给几

千年来靠打鱼为生的东山渔民提出了一个两难选择。

小沈决定还是把船卖掉，280 多万的钢制渔船卖了 160 多万元，以损失 120 万元破釜沉舟的代价，义无反顾地从海里“上岸”，从渔民走向商人。为此，他父母伤心难过了好些日子。

第七阶段：转型

随着互联网平台的更新迭代，淘宝、京东的平台优势不再，小沈随之网店转微商。十几部手机，近 10 万名微信好友，从一对多的广告营销模式到点对点的口碑营销模式、信任传播模式，客户也更加稳定。“最多的时候一天能接 2000 多单，很可怕的。”小沈说。

第八阶段：发展

赚到第一桶金后，小沈进一步延伸和拓展产业链条，开了海边民宿，买了游艇。到 2019 年底，“沈船长”的交易额突破 5000 万元，成为澳角村名副其实的龙头电商企业。

面对这样的快速发展，小沈说，像做梦，不真实。

第九阶段：优化

虽然小沈家的民宿离海不过十来米，在 5 层露台上，可以看到最美的澳角湾落日，但“这间民宿相对低端，我们正在规划一间面向高端人群的民宿，让它成为一个人们住进去就不想走的地方”，“下一步，我们还要开发抖音，发挥微视频优势”。

沈船长“欲穷千里目，更上一层楼”，而我发现，龙虎二屿，居然就在他家的正前方，它们和不远处的狮象二屿一起，护佑着澳角村民，也见证着这个海边渔村破茧成蝶的历程。

尾涡屿

（一）

很多感觉是讲不清楚的。比如，我就说不清楚，为什么东山湾里一座孤寂的岛屿，竟然在我这里，屡屡和浪漫的法兰西联系在一起。

一开始，是断桥。

记得很清楚，那天是 11 月 18 日，北京已经供上了暖气，我在东山，却还穿着短袖薄衫，明亮的阳光中，我们乘快艇出海，去尾涡屿和马鞍屿。

疾驰间，忽然眼前出现一座断桥，远远地、孤零零地。那一瞬间，就将我的思绪带到了普罗旺斯的阿维尼翁（Avignon），带出了几年前那个同样的艳阳天，我们去圣贝内泽断桥（Pont St-Bénézet）游玩的愉快经历。

那是 2014 年国庆长假期间，我们参加法国第 121 届消防大会，设施设备确实很先进、很精良，充满创意。但很快，我们几个文科生就“一日看尽长安花”了，休息的间隙，有人提到了大教堂、提到了断桥，去吧？！

一拍即合！

一行五人打了一辆中巴一溜烟儿就来到了阿维尼翁市中心，看到了宏伟而历史感十足的阿维尼翁主教座堂，看到了残缺而神话感丰富的圣贝内泽断桥。

圣贝内泽桥又叫阿维尼翁桥，是一座著名的中世纪桥梁，建于 12 世纪（1177 年）。传说一位名叫贝内泽的年轻牧羊人受到神灵的启示，决定在罗纳河（Rhone）上建一座大桥。在天使的协助下，他率领当地居民战胜无数艰难险阻，历时 8 年，终于建成完工。后大桥几次被洪

水冲垮，13 世纪和 15 世纪都曾重新修建，直到 1669 年又遭受洪水的严重毁坏，留下如今这一断桥遗址。

在法语国家，有一首广为流传的民谣《在阿维尼翁桥上》，创作的灵感就来自这座桥。歌中唱道“在阿维尼翁桥上，人们跳舞，在阿维尼翁桥上，人们围成圆圈跳舞……”，欢快优美的“我们在阿维尼翁桥上跳舞”很快唱响世界，阿维尼翁桥随之成为俘获无数少女心的“断桥”，吸引了很多痴男怨女在此约会。琼瑶阿姨的《一帘幽梦》被翻拍为电视剧时，也曾在这里取景。

普罗旺斯秋高气爽晴空万里，罗纳河静静流淌，阿维尼翁桥如同断臂的维纳斯，是残缺的美，却也如情人般的思念，令人忧伤与惆怅。

而那一刻，当尾涡屿的断桥突然映入眼帘，那种熟悉的淡淡的伤感味道又浮上心头，仿佛看到断桥上，有年轻人正在歌唱：

美丽的打鱼姑娘，

把小船摇到岸边；
到我这里坐下吧，
让我们握手言欢。
你不要害怕，
请把头放在我的心旁；
你天天无忧无虑，
委身于狂暴的海洋。
我的心也像大海，
有风暴，有潮退潮涨，
也有些美丽的珍珠，
在它的深处隐藏。

（二）

然后，是拍照。

尾涡屿位于铜陵镇的北侧，是一个面积为 0.061 平方千米的小岛，

从断桥步入岛上，依山就势建有几处房子，是具有海岛建筑特有风貌的石头厝，建筑年代已不可考，建筑材料基本上都是大小不一的石头：窗户，一律是沧桑质朴的石条小窗；墙壁，由规则或不规则的石块垒砌而成；房梁，也是几米长的花岗岩长条石。简单粗糙的外观极富粗犷之美，虽然有的房顶已经坍塌，石块散落地面，门前杂草丛生，但整体看过去，这一小片石头厝充满了独特古朴的韵味，仿佛在诉说着尾涡屿前世的寂寥。

那还等什么，赶紧拍照吧！

热火朝天凹造型，不亦乐乎出风头。各种“自恋自伤、搔首弄姿”之后，我们的拍摄终于告一段落，回看却大惊失色。依山而建，不讲究布局，更没什么装饰的石头厝，无论是小石窗、石块墙还是石房梁，都充满了复古而文艺的调调，既有海岛地理特色，又有闽南文化特质，还透着时间的沧然味道，在蓝天下、大海边，构筑起了一组独特的摄影符号，像是一幅画，一幅镶嵌在尾涡屿上的印象派油画，惊艳了时光，温柔了岁月。

让我想起了充满浪漫气息的法兰西。

但若是回到当初来尾涡屿的初心，既不是一个断桥引发一段爱的感伤，也不是一处石头厝带来一组唯美照片，那是什么呢？

白鹭。

人们说，尾涡屿上有成千上百只白鹭在这里栖息，每天早上和傍晚，都会有一群白鹭在树林间飞翔、嬉戏、觅食，时而站立枝头休憩，时而在天空展翅翱翔，宛如“鸟的天堂”。

是吗？厦门不是叫“鹭岛”吗？据说当年人类第一次登上厦门岛时，看见白鹭成群地浮游在水面，就冠之以“鹭岛”。很多人都特别喜欢厦航飞机着陆那一刻，耳边想起的那段广播配乐录音“人生路漫漫，白鹭常相伴！女士们，先生们，再次感谢您乘坐天合联盟成员厦门航空公司航班……”

难不成尾涡屿真的是另一个深藏闺中的“鹭岛”？

我往尾涡屿高处走去，树林的高枝上，密布着一个个鸟巢，我的心中，充满了期待，想象着眼前随时会出现一个景象——一行白鹭上青天——那，该是多么令人惊喜呀！

但事实证明，还是古话说得好：有心栽花花不开，无心插柳柳成荫。

（三）

“白鹭呢？”看着枝头空荡荡的鸟巢，以及寂静的林间，我问。

“出去觅食了。”

“什么时候回来？”

“下午四五点以后吧。”

我看了一下时间，上午 10 点来钟，孤岛上没吃没喝没歇脚之地，要等到傍晚是不可能了，所以，第一次去尾涡屿看白鹭，就这样悻悻而归。

但没想到，第二次更加糟糕。因为不久前的修缮，犬牙交错可以踩着上去的断桥边缘被修补得齐齐整整，台阶却还没有搭起来，快艇绕着断桥转了好几圈，还是没能找到上岛的办法，只好乘兴而来，扫兴而归。

一转眼已是牛年，我决定再去一趟，去看看念兹在兹的白鹭在尾涡屿上究竟是怎样的一种存在？

这一次，我们特意选择在下午5点后登岛，因为按照生物的一般习性，这个时候，正是太阳西下倦鸟归巢之时。

但是，人算不如鸟算，上岛后兴冲冲奔向那片林子，还是空巢以待。

看看落日吧，消磨一点时光，等待倦鸟归来。

我们站在沙滩上，看夕阳豪情恣肆，凭着天空这块洁净的调色板，在海面上不断渲染着新的意境。起先，整个海面洒满落日余晖，金光

闪闪，波光粼粼，过了一会儿，光线渐渐暗淡，海面微波荡漾，映着夕阳的微光，幻化出绚丽瑰奇的七彩颜色，在海天之间，与深蓝色的海水一起，勾勒出一个空灵而又梦幻的奇境。

好一幅美丽的大海日落景致！人生如逆旅，我亦是行人……

我还在触景生情，耳边有人说，太阳全部落下去了，白鹭怎么还没回来？

是啊，再晚，即便回来，什么也看不到、拍不到了！

“好像是回来了，外面的浮漂上，站了好多。”司机小林说。

我们从断桥上看过去，果然，晚归的白鹭，一只一只，各自站在不远处人们用来养殖牡蛎的浮漂上，一只快艇驶过，马达声和溅起的浪花，使其中的几只受惊飞起，又缓缓落下。

“我们过去吧，还可以拍得到。”老马①说。

我们迅速上艇，绕了过去，老马故意“争渡，争渡”，果然“惊起一滩鸥鹭”，白鹭们奋起而飞，鸣叫着，盘旋着，飞上了尾涡屿，隐没在那片树林中。

“刚才它们为什么不回去呢？是不是因为我们在那里？”有人问。

我忽然想起那会儿小林说，他们养虾的人都知道，不管是谁家，只要清洗虾池，就会有一群白鹭飞过去，去吃池底的小鱼虾。

“白鹭是怎么知道清洗虾池的时间点的？”我问小林。我见过虾池，大棚似的，封得严严实实。

“不清楚，很神奇。”小林说。

“看见的呀！”华毅游艇的齐波说，“你想想，它们每天在空中飞来飞去觅食，海里的鱼虾都能看得清清楚楚。”

那么，完全有可能，飞回来的白鹭看到有人在岛上，就先落在外面的浮漂上等待，等人走后再回来。如果我没猜错的话，这大概是前段时间在岛上维修的施工人员带给它们的作息经验。

想到这里，我忽然被震惊到了。尾涡屿上的白鹭是几年前从东门屿迁徙过来的，这里周边养殖多、鱼虾多，也比较安静。但问题是，若岛上人来人往，它们会不会迁到更远、更偏僻的岛屿上去呢？

人与自然的关系状态就这样呈现出来，而“天人合一”这一古老的哲学命题，对今天的尾涡屿，依然具有最直接的现实意义。

---

① 马鞍屿海边民宿“马鞍园”老板马逊平。

马鞍屿

（一）

该老马出场了。

老马是疍民，又晕了吧，疍民是什么民？

疍民是人们对分布在东南沿海地区的水上居民群体的称呼。之所以叫疍民，有两层意思。一层意思是外在的，指这些水上居民一辈子以舟为家，像蛋壳一样漂泊在海面上；另一层意思则是内在的，指这些人常年在海上与风浪搏斗，生存环境险恶，生命如同蛋壳般脆弱。

为什么非要以舟为家呢？周末去度度假感受一下就好啦！

呵呵。来看看关于疍民起源的四种说法：被汉武帝灭国的闽越人后裔；孙恩、卢循起义军残部；元末农民起义军陈友谅余部；元末被明军追杀的蒙古人、色目人残部。

都是落荒而逃啊！难免落入被压迫和被剥削的命运。所以，一直以来，官府从来不将流动渔民入册，他们没有户籍，只准在水上生活，不准在陆上定居，不准读书、识字、应考、做官，甚至不准穿鞋，不准与陆地居民通婚，死后也不准在陆地埋葬。有民歌唱到：沙田疍家水流柴，赤脚唔准行上街，苦水咸潮浮烂艇，茫茫大海葬尸骸。

那老马……哈哈哈，感谢共产党，感谢新中国。新中国成立后，疍民终于摆脱了以舟为家的命运，大批上岸定居。今天的疍民，早已扬眉吐气。比如老马，在马鞍屿附近经营水上民宿“马鞍园”，早就发家致富了。如今，女儿女婿都在广东某部队服役，他们老夫老妻优哉游哉地过着“岛主”的生活，逍遥而自在。

“马鞍屿”之所以叫“马鞍屿”，原因很简单，就是因为这个面积仅有 0.044 平方千米的小岛屿，长得和马鞍形状十分相似。不过，我想说的是，虽然老马是马鞍屿的“岛主”，但若不是他，我可能真上不了尾涡屿。这么说吧，我两次登上尾涡屿都是坐着老马的快艇过去，尤其是最后一次，断桥这边还是上不去，就在我以为又要扫兴而归时，他居然在大家对“水浅暗礁多”的一片担心中，气定神闲地直接将快艇开到沙滩上，不服不行啊！

老马说，他在这里 30 年了，对这一带水域的情况了如指掌。有一次，某部队就是通过他找到一块功能适配的海域。

正所谓：“老马”识途！

老马的“马鞍园”，是一处海边民宿。11 间木板房，齐整地排列在马鞍屿前近岸的鱼排上。每间 16 平米，内有卫生间，生活设施简单但齐全，绿色的房子、蓝色的地板、黄色的栏杆、白色的秋千，色彩缤纷，在海天一色间，如诗如画。

而我挥之不去的一个画面是，回头的那一刹那，刚好看到老马的两只狗，沐浴在金黄色的落日余晖中，时间凝固，空间静谧，有一种说不出来的治愈效果。

（二）

“远看山有色，近听水无声。”“诗佛”王维传神地写出了中国山水画的宁静之美。我的问题是，是不是有人能说清楚，诗佛这里所说的山色是什么颜色呢？

估计没有人能够说清楚。

我们见到的最多的山色恐怕就两个颜色，黄色和青色。黄色是土山，比如黄土高原，那些年，年少的我每天都在用脚丈量着黄色的吕梁山的高度；青色是石头山，比如“天下第一奇山”黄山，奇峰怪石、

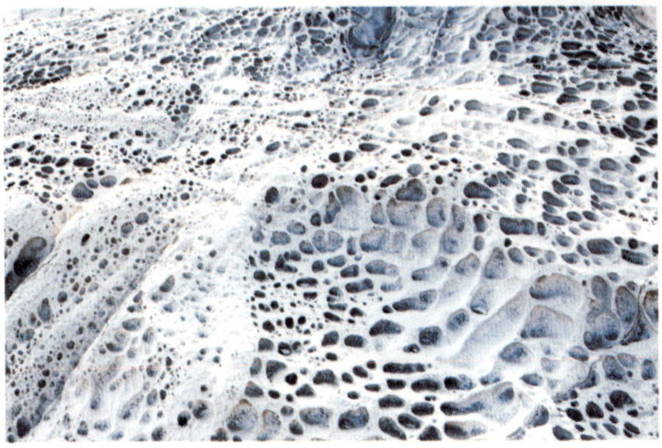

姿态万千，其名虽为“黄”，实际上却是一座真正的“青山”，清一色的壁立千仞、青石嶙峋。

那么，还有什么颜色的山呢？

我见过红色的山——大横山丹霞地貌，安徽明光的一处天然景观，整片地貌形状各异，色泽赭红，充满野性和粗犷之姿。

我见过粉色的山——陆良彩色沙林，关于彩沙，我写过一段：

“阳光洒下来，点亮了那山，镶嵌了那山，让那山的粉色，格外明亮，格外温柔，被阳光同时点亮的，还有淡黄色，艳阳里，淡黄色的山顶熠熠生辉，闪耀着灿烂的金色光芒；还有橙色，整整一座山包裹在蓝天中，袒露在光线里，远远看过去，像一团火焰在熊熊燃烧；还有白色，亭亭玉立如一袭白衣无言站立，素若行云，美若昭雪。”

白色的山？是的。彩沙中只有那么一小块，不过天柱山则是一整座白山，天柱山与黄山一白一青，仿若白蛇和青蛇。

大自然鬼斧神工，奇形怪状、五颜六色都不为过，但马鞍屿依旧令人震撼，因为在岛上，也有一座白色的山。

马鞍屿的白山，既不是彩沙中点缀的那一点白，也不是天柱山更像乳白的白，而是洁白无瑕的白，是一个由纯白色的火山风化石形成的千姿百态的纯净世界。沿着马鞍屿上的海边小径向网红灯塔方向走，来到灯塔前，就会看到这片尚未被开发的“海蚀奇观”。

站在灯塔下，驰骋想象力，不得不感叹大自然才是最好的雕塑师，鱼骨化石、龟背石、龙骨石、巨蟒入海石、海龟望月石、海豚出海石、萌龟石、海豚探头石……

难道是因为海边的石头，诱导人的思维与海关联起来吗？还是说就是天地造化，海边的石头就要呈现出海的特色，才更加般配、更加天衣无缝？

这就是马鞍屿白山的与众不同。魔鬼城也好，大海道也罢；黄河石林的雄狮当关、猎鹰回首、大象吸水也好，黄山的仙人观海、关公挡曹、老虎驮羊也罢；如果只是经年累月的风化，风化出的景观都是大写意的，而在马鞍屿，这些石头更加具象，比如竹荪石，简直就是惟妙惟肖。当然，也需要做好心理准备，因为那块蜂窝石，真的是长成密密麻麻的样子，有密集恐惧症的人看过去，一定会浑身起鸡皮疙瘩。

怎么会这样呢？老马说，因为7600万年前，海底发生了火山爆发，火山熔岩侵蚀了海底的石头，之后随着地壳运动，这些石头慢慢地浮出水面。

而那一刻横空出世，震惊了世人。

03

南门湾

在最具体的政府治理中，我看到了治理理念的代代传承，而浪漫的《左耳》，终究反哺了政治。甜言蜜语，请说给左耳听。

（一）

“王老师，您好。我们最近准备联合媒体搞一个策划，大概就是为铜陵市‘十四五’文化发展改革建言献策，想请您围绕铜陵未来5年的文化发展提点意见建议？不知道是否可以。谢谢您！”

去年底的一天，乐陵突然发信息给我，我说文化产业我不熟啊，他说您来铜陵几次，对铜陵比较熟悉，就您去过的几个地方谈谈感受就行。

感受还是有的，带着对铜陵美好的回忆，我写了一段回复他——

漫步大通古镇，千年商埠繁荣犹在；

穿行铜陵博物馆，铜都韵味历久弥新；

站立和悦洲头，稀有江豚觅食雀跃；

远眺滨江书屋，历史变迁仿若瞬间。

文化的繁荣是发展的最高目标，当人们都能享受文化带来的滋养，感受文化独有的魅力，文化的基石才能牢固。对有着深厚历史文化底蕴的铜陵来说，要大力发扬地域文化特色，在内容和形式上积极创新，

不断增强铜陵文化的吸引力和感召力。

我来东山前，乐陵说，好像东山也有一个铜陵！

是吗？来之前我还真不知道。来了当然就知道了，东山果然有一个铜陵镇，是一座有600多年历史的文化古城，素有“海滨邹鲁”之称。明洪武二十年（公元1387年），由江夏侯周德兴因防倭而在此筑城垣，后来东山建县时，这里是县城所在地，虽然现在的城关已经搬到西埔镇，但这里依然是东山县最繁华之地，寸土寸金。

还有一个很有意思的点——“铜陵媳妇”。什么意思呢？就是说东山的男孩子都以娶铜陵的女孩子为荣，在当地人的眼里，铜陵的姑娘最有文化底蕴，最温柔体贴，也最会持家过日子。这个春节就地过年，去阿润家蹭饭，席间聊起她妈妈是铜陵人，大家果然肃然起敬，可见这不是个说法，而是个事实。

人总是在一定的文化环境熏陶中成长起来的，“铜陵媳妇”即是一种特定文化环境熏陶的结果。那么，究竟什么是文化？定义大概有成千上万种，但说到底，文化就是人类精神活动的产物，是人类的精神命脉。早在《易经》盛行的时代，就有了“观乎人文，以化成天下”

的共识，所以很难想象，没有文化的人类生活，会是什么样子！

但偏偏我们所处的时代，被认为是一个“精神荒漠化”的年代，一个“功利主义”盛行的时代。一方面，“珍爱生活，远离文青”，人们恨不得把精神世界隔离出去，全身心投入“996”甚或“5+2，白加黑”；另一方面，有一点闲暇，人们却又一头扎进各种文青打卡圣地，为日渐枯萎和失落的精神世界寻找一丝滋润，寻求一点安慰。

林林总总的网红打卡地应运而生，其中有一类格外具有吸引力，那就是由影视剧带红的景点。有调查显示，由文娱产业带动的景区景点，成为近40%游客的选择。

铜陵镇的南门湾就是其中一个，苏有朋的导演处女作《左耳》大部分取景于此。拍完电影后，苏有朋说，我要为东山岛代言一下，东山是特别美丽又宁静的一个小岛。

那么，你知道为什么，甜言蜜语要说给左耳听呢？

（二）

听闻远方有你，
动身跋涉千里。
我吹过你吹过的风，
这算不算相拥。
我走过你走过的路，
这算不算相逢。

每个人都是文艺青年，又有谁不向往诗与远方呢？因此，一部经典的文艺作品，往往会影响很多人，比如《西雅图不眠夜》（*Sleepless in Seattle*）。

虽然有人认为，梅格·瑞恩

（Meg Ryan）把一手好牌打得稀烂，但依然无法否认这位金发碧眼的“美国甜心”与汤姆·汉克斯一起，在《西雅图不眠夜》中贡献了良好的演技，以至于一部电影带火一个城市。电影播出后，西雅图成为人间遇到爱情和享受浪漫的最好圣地。

几年前在西雅图，我们穿过安皇后区（Queen Anne）一栋栋漂亮的别墅来到凯瑞公园（Kerry Park），站在山顶眺望大海，我抑制不住想象，或许山姆的水边别墅就在对岸呢！

《西雅图不眠夜》同时还带火了纽约帝国大厦顶楼这个打卡点。20年后，一位年轻的中国导演薛晓璐决定拍摄一部爱情轻喜剧，虽然这部电影既与《西雅图不眠夜》不相干，又不是在西雅图拍摄，但是依然冠之以《北京遇上西雅图》之名，并获得了现象级成功。《北京遇上西雅图》的结尾，几乎就是复制了《西雅图不眠夜》的剧情，男女主角在帝国大厦顶楼相遇，再续前缘。

《左耳》虽然没有《西雅图不眠夜》这么广泛的全球影响力，但也使不为人知的南门湾一跃成为众多文艺小清新的集结地。

南门湾一边是蔚蓝的大海，一边是古朴的渔村，一半海岸，一半城。大海、沙滩、飞鸟、礁石、古厝、老街，浪拍堤坝，海鸥起舞，

船笛声声，海风阵阵，民宿色彩丰富，房子高低错落，像希腊的圣托里尼，有一种独特的精神气质，散发着一份别样的美好。

“爱对了是爱情，爱错了是青春。”那一天，我念着《左耳》的台词，揪着青春的“秃尾巴”去寻访南门湾，看到吧啦死后李珥跪着哭喊的海滩人来人往；许弋和吧啦约会的屋顶上，一对小情侣正对着镜头自拍，记录了彼此的爱情誓言；而步入幽深曲折古香古味的老街，不知哪一条是吧啦跟踪张漾的巷子，哪一个又是吧啦驻唱的“算了吧”所在的地方。

黄昏时，我在“岛语”点了一杯咖啡，坐在三层露台看夕阳，听说这个简约浪漫的咖啡馆，开业一年就收回了全部成本，老板当初可能并没有意识到，在《左耳》拍摄的地方，只要有了诗意，或许就有了远方。

那么，甜言蜜语为什么要说给左耳听呢？

因为左耳更靠近心脏，所以，甜言蜜语要说给左耳听。

（三）

“‘上帝’过分宠爱这里了，给予了最美的海湾、最文艺的村落、最丰盛的水产。”

这是一位网友给南门湾的留言。果真如此吗？这份宠爱真的是上帝给的吗？

No，no，no。上帝给了一些；另一些，则是谷文昌老书记想办法创造的。

东山岛本来是一个孤悬海外的全岛，1954 年前，东山岛与大陆的交通就靠八尺门老渡口，人力摆渡。1953 年，在震惊中外的东山保卫战中，为抢渡八尺门渡口，为增援部队进岛打开通道，我军民与国民党伞兵在这里展开了激烈的争夺战。国民党“反攻东山”败退之后，毛主席指示陈毅司令员（华东军区）“要加紧修好海堤为解放台湾”和“长期确保厦门海防安全”，福建省委因此指示厦门市委为东山县在八尺门建一条海堤，厦门市为此拨付建设资金 200 万元。

筑堤工程干得热火朝天的某一天，谷文昌与海堤工程总指挥、县长樊生林商量说：“老樊，我琢磨着，咱能不能通过加强建设管理，在保证工程质量的前提下，省些资金下来，为东山将来其他方面建设留下空间。”

樊总指挥完全赞同。他们俩进一步优化了八尺门海堤的施工方案，科学安排工期，一个铁箍、一根铁钉、一条麻绳地节省。1961 年 6 月，八尺门海堤不仅提前一年竣工，使东山岛从此由孤岛变半岛，而且还结余 27 万元资金，南门海堤的建设，从这里找到了机会。

1962 年 9 月 1 日，第 13 号台风正面袭击东山，巨浪咆哮着冲上防波堤，南门湾沿岸的南门大埕、石鼓街、实验小学、大庙头等成为一片汪洋，民房倒塌了 27 间。

时任省委书记叶飞来东山岛视察，看到八尺门这处当年部队冒着枪林弹雨抢渡的渡口天堑变通途，非常欣慰。就此契机，谷文昌带着

叶飞书记来到南门湾，一边察看被台风巨浪冲倒的民房，一边抓住机会汇报修建南门海堤的想法，得到了叶飞书记的支持。

就这样，结余的 27 万元资金，加上省里的支持，南门海堤应运而生，如同保护罩一般，将无情的台风巨浪拒之门外，保护了古城民众的生命和财产安全。

今天，南门湾成为网红打卡的浪漫之地，确实有“上帝”宠爱的成分，比如最美的海湾、最丰盛的水产是大自然的赐予，但最文艺的村落，却是谷书记、樊县长以及后来历届政府一心为民办实事的结果。

泰伟书记对南门海堤的建设有一个独到的观点。他说，在当年那种经济条件下，用泥土混石头的方式建设海堤，既可以实现防洪功能，还可以最大程度节约成本；但石匠出身的谷文昌选择了条石，看似多花了些钱多费了些功夫，但几十年过后再来看，一根根条石砌起来的南门海堤，不仅是一个实用的防洪大坝，而且是一个别具韵味的文化景观、一道非常特别的风景线。

在最具体的政府治理中，我看到了治理理念的代代传承，而浪漫的《左耳》，终究反哺了政治。

甜言蜜语，请说给左耳听。

妙筆生花

04

有时星光 有时月光

义兴说『都是您辛苦写的《有时星光 有时月光》的作用』，这是一种感恩的表达，但事实上，更应该感恩的是我，因为并没有谁要求我、强迫我，之所以写，是因为我自己内心深处有写的需求——那些现场真切的感受，以及欲罢不能的写作冲动，令我写了出来，而且得到了现实的回应，这一切，相当地满足了我内在的需求。

谢谢港西，谢谢东山。

（一）

春节后见到朝玲，她说今年春节期间，风动石景区的门票收入情况不太乐观。“不过港西那边不错啊，天天都在堵车，人流量很大。”她又说。

风动石被誉为“天下第一奇石”，是东山岛的标志性景观。常言道，不到长城非好汉，到了北京没上长城是一件憾事，到了闽南不到东山岛欣赏风动石，同样也是一件憾事。

风动石高约 4.37 米，长约 4.69 米，宽约 4.55 米，重达 200 吨，海风劲吹时都会微微摇晃。但据记载，1918 年 2 月 13 日，东山岛发生 7.5 级地震，山石滚落，屋倒人亡，可风动石却安然无恙。

我一直都在怀疑其真实性，风动石和下面那块石头的接触面积仅十余平方厘米，怎么可能地震都震不下来呢？必定是用了某种特殊手段吧？！

那次去景区，我特意上上下下、前后左右看了个遍，真没有，真的是一种原始状态，太神奇了！

但是，又有谁会料到，在牛年来临之际，这个传统热门旅游项目竟然会门庭遇冷，而新晋旅游目的地港西村却门庭若市，两相比较，难免令人有“三十年河东三十年河西”之感慨。

节后初七是第一天上班。初六晚，义兴①来信说：您明天上午有空吗？陶斋再走一走？

我正琢磨着找个时间去看看，究竟为什么港西村突然具有了比风动石还大的吸引力。义兴的邀请正合我意，我愉快地接受了这个邀请。但同时，也想起了第一次去樟塘镇调研时义兴教给我的一句闽南俗语：有时星光，有时月光。

① 东山县副县长，时任樟塘镇党委书记朱义兴。

登时觉得好有意思！

但是，当我第二天来到港西村，走遍陶斋学堂和中驰山庄的角角落落后，脑子里印象最深的，竟然是一个知恩图报的故事。

林华彪，中驰山庄董事长，20 世纪 90 年代离开港西去浙江打拼，20 年后衣锦还乡，投资建设了中驰山庄，以及后来的陶斋学堂。

那天聊了不少，但讲到这个知恩图报的故事，却纯属意外。

大概是走到进士书屋时，我远远看到村子里有一座粉色的小楼，很是好奇，有谁会在农村建一座特立独行的粉红色的楼房呢？

“我，”华彪说，“是我九十年代回来建的”。

“那可真够前卫的。”

“建成后我没怎么住过，现在住的是我的一个恩人。”

“恩人？”

“那年，我在外面打拼，我媳妇和我妈发生了一些争执，一气之下背着几个月大的孩子往后山走。那天她是真不想活了，中途正好碰到了我这位亲戚，他救下了她们母子俩。后来，我就把这个房子给他住了。”

我一时不知说点什么好，但无论是空间上的景区热度对比，还是时间上的人物命运变化，都让我想到那句闽南俗语——

有时星光，有时月光。

（二）

新冠肺炎疫情期间，我写过一段时间“公众号”，第一篇这样写道——

翻看了一下记事本，第一次会议是在2019年7月26日下午开的，

是在暑假期间，老邓[①]说，中国疾控中心（CDC）的人过来，我们一起开发一个传染病的情景演练。很巧，到今天为止，正好是半年时间。这半年来，我们开发了一个关于流感大流行的情景模拟演练，并在六个青干班上进行了演练。

这让我想起在德国学习时，有一件事总是被德方的教官们津津乐道——跨州大演练的演练主题。连着几次了，他们选定的演练主题都在演练第二年发生了，从科学的角度讲大家都明白，演练主题的确定一般都要基于本地灾害发生的规律，但碰巧都对了，难免会让人有一种宿命的感觉，所以，教官们在讲述时，言语间难免会流露出“上帝视角”的沾沾自喜。

这一次，我们一语成谶，传染病说来就来，但我一点儿中彩的欣喜感都没有，反倒偶尔会想，如果我们不做这个演练，新型冠状病毒，是不是就不会来了？

……

我们选定的传染病是“流感大流行”，在医学上，和非典型肺炎是两种截然不同的传染病，但传播特征和治理方式基本无异，怎么来理解这些传染病呢？通俗点讲，季节性流感和普通肺炎是常客，每年都有大量的人员感染，但流感大流行和非典型肺炎是不速之客，如世卫组织的一个说法，我们唯一能确定的是，不知道它什么时候会来？

① 邓云峰，中共中央党校（国家行政学院）应急管理培训中心教授、演练教研室主任。

于是，在毫无征兆的情况下，时隔17年，新型冠状病毒又不期而至。这些日子，一天天地，看着我们当初设定的情景一幕幕地在现实中或疾或徐地展开、呈现，我的感受五味杂陈。

真是“有时星光，有时月光”啊！

我们是从公共卫生管理的视角进行情景设置的，尽可能通过演练使学员把握传染病应急处置的基本特点。疫情发生不久就有学员反馈——幸好前段时间上了这个演练课，对处置工作很有帮助。不过，从公民个体的角度，我没有想到，疫情对我们的挂职也产生了一波三折的影响。

按照挂职的一般规律，我们应该在三月份出发，但因为疫情，我们迟迟不能成行，一直耗到六月全国疫情好转后才订了机票。就在我们收拾好行囊准备登上南下的飞机开始一段新生活时，出发的前一天，北京新发地疫情暴发，我们又不得不连夜取消值机、退掉机票，等待这波疫情过去。

过了差不多一个月吧，7月20日，我们终于坐上了飞往厦门的航班。

当天晚上，漳州市刘远市长请我们到漳州来挂职的仨人吃饭，说到东山，他说，他把东山旅游称之为“半半游”，什么意思呢？

一天游半天，一岛游半岛，一年游半年。

也就是说，在东山旅游，白天有得玩，晚上没事干；岛上旅游资源很丰富，但有一半没有被开发；夏秋两季很好玩，冬春风大不好游。

但是，港西村这个春节的表现，显然是打破了“半半游”的魔咒，即便是冬季，也阻挡不了人们蜂拥而至的脚步。华彪说，初一15000、初二20000，初三最多，有30000，初四至初六也差不多20000。

我是初七去的，以为上班后人流量会大幅减少，但山庄的停车场里还是停满了车。“昨天工人都回家了，今天一看这架势，又赶紧都叫回来。”华彪说。

那么，人们究竟是怎么了，为什么非要到这个地方来呢？

（三）

林松峰[1]站在那块大石头前，指着“林宅墓界”四个大字介绍说，港西村后靠山，前临海，符合左青龙、右白虎、前朱雀、后玄武的风水要求，是一块风水宝地。这个“林宅墓界”的由来，应该是在明朝时，由于这里风水好，周边很多人都慕名而来，

① 陶斋学堂文化发展有限公司总经理林松峰。

以致坟墓都快挖到村里了。村里人就在这里以石为界，立字为据，以制止愈演愈烈的建坟之风。

确实，这块大石头背后不远处，有不少年代久远的老坟墓，“进士书屋”侧面的一所民居旁边，也还留有一座裸露了一半在外的古墓。

“里面还有什么吗？”我问。

“没有了，都被掏空了。”松峰说。

想起那次去泰山，气喘吁吁爬过“紧十八”，南天门一览无余，导游说：“过了南天门，就是天界了，岱顶（泰山又称岱山）上有天街和四大天门，玉皇大帝住在这里，由此往下，就是我们所在的人间。”

“有地狱吗？”我问。

“有啊，泰安城里有一条河叫‘奈河’，以‘奈河’为界，阴阳两隔。所以，历代帝王的封禅大典，都是在岱顶祭天后，在山脚的社首山或蒿里山祭地祭鬼。”

难怪在去泰山的路上听说，泰安不仅房价不输济南，而且墓地特别抢手，方圆十里八乡的人们都到这里来买墓地，每年清明节，泰安城格外热闹。

是啊！按照中国的传统习俗，且不说明十三陵、清西陵、清东陵等皇家陵寝的浩大规模，平头老百姓也一样希望入土为安，若是祖坟还可以冒点青烟，更是再好不过。所以，尽可能选择一个风水好一点的墓地，也算是人之常情吧！

但通常情况下，墓地的选择都会在远离闹市、依山傍水、自然安静的地方，像港西村“林宅墓界”这样的“生死之争”，还是很少见。

俱往矣。

港西村已今非昔比，义兴书记一路都很犯愁——之前的拆迁相对还比较容易，但现在，村里变美了，更适合居住了，还有钱可赚，接下来，陶斋学堂项目还要进一步延展，不用说，拆迁的难度肯定会越来越大。

可不是嘛？又有谁不愿意住在一个“产业兴旺、生态宜居、乡风文明、治理有效、生活富裕”的美丽乡村呢？但是义兴同学，这一切，难道不都是你们自己造成的吗？

有时星光，有时月光。港西村从几百年前的阴宅之盛到今天的美丽宜居乡村，发生了质的变化，那么，这些变化是如何发生的呢？

（四）

关于玻璃桥的记忆，印象最深的还是在梁皇山，玻璃桥架在两山之间，全长 318 米，有 70 层楼高。倒不是长度和高度的问题，事实上，走过一些之后，玻璃桥对我早已没有了心跳加快的恐高刺激，但为什么梁皇山那么难忘呢？

郁郁青山，寂静山谷，漫步在似有似无的玻璃之上，身边空山幽谷，云雾缭绕，似仙境腾云驾雾，又像武侠大师，施展出神入化的轻功，在山水间来去自如。

是寂静之美，是孤独不败之境，是一个人旅游的独特收获，是一种无与伦比的审美体验。

而在中驰山庄，我从仙境跌回人间，玻璃桥上人满为患，标准的网红桥的特征。桥不长，只有 50 米，走着走着，我的耳边忽然传来“啊——啊——啊——”的狂呼声，还没等回过神来，只见右手边一股冲天的水浪拔地而起，如有神助一般，直冲云霄。

还有“喊泉”呐！

“喊泉”本来是一种自然奇观，在特定条件下，声音成为地下水喷涌而出的动力。自然界的“喊泉”十分稀有，以“含羞泉”闻名天下。而网红喊泉项目撕下了自然“喊泉”羞答答的面纱，通过现代技术实现了声音作为动力驱动水流喷涌，喊得声音越大、时间越久，水流喷射的高度越高、持续的时间也越长。人们排着队在这里等待，等待着呐喊的那一刻到来。这时，“喊泉”已不再神秘，摇身变为现代人释放内心压力的一种娱乐设备。

这也是这几年网红游乐项目大行其道的原因，不同的人从中获得不同的趣味。爱玩的获得了愉悦感；无聊的打发了时间；烦闷的调节

了情绪；寻求刺激的，则在跨越心理障碍的那一刻获得了成就感。所以，即便是冬季，也阻挡不了人们的热情和蜂拥而至的脚步，中驰山庄的停车场，在初七上班之后，依然停满了车。

“摇摆网红桥”“网红秋千”“旱地滑草”等网红娱乐项目中驰山庄都有，但我更感兴趣的是“步步惊心”。这个没玩过，在重庆奥陶纪景区叫“极限飞跃”，空中架设几个踏板，踏板间距由窄到宽，窄处 0.6 米，宽处则有 1 米之宽，想通过只能在踏板上跳跃，踏板下，就是万丈深渊……

确实是临渊而立，“步步惊心”，但明知有风险，人们还是愿意接受这种风险和乐趣的交易。

我前面是一对小情侣，姑娘先出去的，看上去很勇敢，一步就跨出去了，但也就这一步，吓得小脸都白了，立刻转过头把无助的眼神投向男友，小伙子不紧不慢地跟过去，拉着女朋友的手，带着她一格一格地跨过去，走完最后一格的那一刻，全场响起了一片掌声。

存在主义大师萨特（Jean-Paul Sartre）的戏剧特别强调极限情境的创造，表现“极限的情境以及处在这种情境中的人的反应”。姑娘今天的“步步惊心”算是一种极限挑战，而心上人恰好在身边，牵着她的手完成了这一挑战，这在他们的爱情故事中，是一段抹不去的记忆。人们不禁鼓掌，既为了挑战成功，更为了美好爱情。

我比姑娘大胆些，自己跨着过去了，刺激了一把，有一种“老夫聊发少年狂”的快感。

有时星光，有时月光呗。

（五）

在农村房子的墙壁上，通常能看到什么？

还用说，标语啊！

农村墙体标语具有非常鲜明的特征，就是接地气，简单、直接、

邻里杂货铺
烟酒
饮料
国内长途
IC卡

司马光砸缸
曹冲称象
少年闰土
草船借箭

温良恭儉讓
仁義禮智信

粗暴。比如，“此地禁止大小便，违者没收工具”，效果能不好吗？

这里是商家打广告做宣传的一个特殊渠道，宣传文案底线不高。比如，“卖给城里人加价，卖给乡亲们打折”，凭啥啊，商业公平原则呢？有的威胁群众，“不买大解放，老婆不上炕”，不上炕咋，还地上站一宿啊？有的忽悠百姓，“用二锅头放倒老丈人，用二手车放倒丈母娘”说得就像丈母娘天生不喜欢新车似的……

这里是国家政策方针的重要宣传阵地，比如，关于森林防火的“放火烧山，牢底坐穿”，关于义务教育的“读完初中，再去打工”，关于酒驾的“你若酒驾，我就改嫁”，关于厕所改革的“要想少得病，厕所得革命”……

港西村的墙壁不一样，上面是什么呢？

一幅幅色彩鲜艳的画。

对于这些画，我们是熟悉的，刻在骨子里的那种熟悉，如“草船借箭”“完璧归赵”“刻舟求剑”“负荆请罪”“司马光砸缸”“少年闰土”等。而这，也正是设计者的初衷，把小学课本的插图画在墙壁上，在亲子游的过程中，既能够唤起家长沉睡的记忆，又能够激发孩子学习的兴趣。

一进入村庄，这些用色大胆、画满一堵堵墙的巨幅画作就直撞眼睛，带给人巨大的视觉冲击力。沿着这个童话般的世界前行，穿过农耕广场、油伞街和文创集市广场，就可以从秀才书屋走到进士书屋，再走到状元书屋，最后走进陶斋学堂，向孔圣人鞠上一躬。又有哪一个爸爸、妈妈，不希望自己的孩子走完这个过程呢？

陶斋学堂是港西村的一个历史悠久的学堂，是很久很久以前由村里的六股公兴建的。在宗族盛行的闽南地区，他“不建祠堂建学堂”，留下了世代美名。

这样，以陶斋学堂为核心点，以 3 个书屋为串联线，以巨幅墙画为冲击面，港西村打造出一条与中驰山庄衔接的、新的乡村旅游路线。

义兴说，今年中驰旅游这么热，有一大部分人是冲着港西村乡村旅游去的。

中驰山庄在山上，陶斋学堂在山下；中驰山庄是景，陶斋学堂是村；中驰山庄以游乐为特色，陶斋学堂以研学为主业；一动一静、一张一弛，动静结合、张弛有度，相辅相成、相得益彰。

但是，有时星光，有时月光，又有谁会想到，就在一年前，陶斋学堂还是断壁残垣，从秀才书屋到状元书屋这一路，猪圈茅厕、凌乱不堪；而仅仅一年的时间，这里就新晋成为一个网红打卡点，并源源不断地吸引着人们前来观光呢！

（六）

毛主席说："政治路线确定之后，干部就是决定的因素。"

政治路线是县委3年前确定的，由县委组织部牵头，在全县开展为期3年的"'党建领航·乡村振兴'党建示范村拉练"评选活动，即每年每个镇重点打造1个党建示范村，组织镇、村党组织书记逐村观摩，采用网络投票、展示汇报、现场投票等形式进行评选。

3年来，7个乡镇都暗暗铆着一股劲，力争在拉练中取得好成绩。而作为组织者，组织部也没有做"甩手掌柜"，针对建设过程中遇到的水、电、路等需要上级协调的问题，县委常委、组织部部长沈义勇采用现场办公、现场解决问题的方式，为党建示范村建设保驾护航。

实施乡村振兴战略是党的十九大作出的重大决策部署，乡村要实现产业振兴、人才振兴、文化振兴、生态振兴、组织振兴，推动农业全面升级、农村全面进步、农民全面发展。2020年12月28日至29日，中央农村工作会议在北京举行，会议指出："脱贫攻坚取得胜利后，要

全面推进乡村振兴，这是‘三农’工作重心的历史性转移。”2021年2月，国家乡村振兴局正式挂牌，作为乡村振兴的专门机构承担起乡村振兴管理的职责任务，展现了我国全面推进乡村振兴的决心。

东山的党建示范村拉练评选活动，是落实乡村振兴战略的具体举措，通过3年时间，全县7个乡镇在晒成绩、比亮点中总结成绩、分享经验，培育了澳角、石埔、港西等21个村级党建示范点，推动了基层党建工作整乡推进、整县提升。

干部是决定因素。党建示范村拉练评选活动，激发了干部干事创业的热情与活力。义兴说：“县委组织部2018年开展党建拉练，我刚开始想的就是要争夺第一名。”

他还果真做到了。当年，樟塘镇南埔村在拉练活动中获得第一名。2020年，港西村又获第一名。怎么做到的呢？松峰说：“每天下午五点半，义兴书记都会到村里来。”“哈哈，这不是半夜鸡叫吗。”我是戏谑的。义兴则认真地说：“我每天都带领大家现场办公，解决一些具体问题。”

“2020年准备拉练时，我想到港西村拥有中驰景区，可以把中驰的人气、客流引到村里来，增加群众收入，丰富东山旅游业态。于是，就把港西村确定为2020年党建拉练村。然后，我到中驰山庄找林华彪谈心，请他来投资港西村的乡村旅游。再然后，村两委发挥主体作用，

齋

閩

加上镇挂点领导、分管领导等人员的集体智慧，大家心往一处想、劲往一处使，集思广益，群策群力，最终促成了这件事情。”

“有时星光，有时月光。以前是其他乡镇的月光，经过这几年的积累，现在轮到樟塘这颗星发光了，建设中谋划中的八大旅游项目从北到南镶嵌在这片热土，我深深相信，这颗星发起光来会比月光更亮。”义兴说。

（七）

看到我在朋友圈发的港西村美图，有朋友感慨说，这个村简直就是一个儿童乐园，一个童话世界！一位乡长更是单刀直入地问：“谁设计的呢？”

林松峰。

义兴说：“林松峰是镇里引进的人才，原来是县城投集团总经理，港西人，对港西有感情，对港西的发展和建设也有热情和思路，所以，邀请他回来主导港西村旅游项目的开发与建设。”

松峰不负众望。

那天在南正院，走到那块著名的“和尚石”跟前时，松峰指着后面的房子说：“这个房子是我设计的，当时我刚刚毕业。”

“什么专业？”

“工民建。”

工民建？好亲切啊，这不是我们那个年代非常热门的土建施工类专业吗？但是，一个刚刚毕业的学生真的就敢上手设计一所真正的房子吗？

敢不敢，房子在眼前，信不信由我。陶斋学堂旅游项目，无论是项目设计理念、整体风格把握，还是装饰元素选择，都充分地将港西村的历史积淀、现实条件与乡村旅游的主题结合起来，匠心独具、标新立异，打造出了一个与众不同的小世界，吸引着人们络绎不绝前来

参观。

英雄何必问出处，谁说少年不英雄！

“接下来，我们还要做龙舟池和采石坑项目。龙舟池沿袭了港西村划龙舟的传统习俗，计划打造成中小学生龙舟研学教育基地。采石坑那边，计划在山上建一个天文气象公园，用定制的石头布置，内容包括河图洛书、黄道周的天方盘以及日晷、漏刻等古代用来测时辰的工具；下面做一个音乐广场，周边做七个小的石头主题的展览馆，象征北斗七星；采石坑上面做一个雕像，象征北极星，与上面的天文气象公园遥相呼应……”

松峰滔滔不绝地说着港西村二期旅游项目龙舟池和采石坑的设计思路，但我忽然想起，义兴那天偶然讲到，一开始聘请松峰时，因为是引进人才，所以会上确定了一份薪酬给他，但最后，松峰没有要。

“白干吗？”我诧异地问。

“是。”

我没忍住八卦的心情，把这个问题抛给了松峰：“听说给你的工资你一分都没要，为什么？”

“当年，我爷爷被抓到台湾，我父亲10岁左右就没再读书，但是，他靠着自己奋斗当上了村里的支书，村里的两个海堤都是在他当书记的时候修起来的，他给村里做了很多事情，后来被提拔到镇里去做干部。我觉得我父亲是一个真正的共产党员，所以，我用我自己会的东西帮家乡做一点事情，没什么。”

一个傍晚，松峰发了一张图片过来。状元书屋前，6个孩子挤在一起看书，心无旁骛，聚精会神，是刚刚放学的孩子们路过这里，顺便看会儿书。松峰说，他随手拍的，很感慨。随风潜入夜，润物细无声。看到村里的孩子们受到陶斋学堂“学风”的影响，他觉得做这一切，很值得。

二期项目设计完后，村里负责施工建设，松峰将退出这个项目。

我想起李白在《侠客行》中说：事了拂衣去，深藏功与名。

有时星光，有时月光。

（八）

今天的港西村，宾客盈门。陶斋学堂里，不时有前来研学的团体。小广场上，说不定正在举办一场文创活动；村口古树下，戴着面纱的姑娘弹拨着古筝；精力无限的孩子们，则在这个童话般的世界里尽情玩耍打闹；前来写生的美术爱好者在村里画风景，而他们自己，也成为村里一道独特的风景。

宾客盈门意味着商机无限，老太太们也闲不下来，搬个小凳子，身边放上两箩筐地方小吃，生意就做了起来。

古街上，老井边，有一个“手工糖”店面，生意特别火爆，我问老板一天能卖多少钱？他说1700元左右。一天利润大概多少钱？三四百块吧。我掐指一算，就靠这点

花生糖芝麻糖，这个小铺面一个月能有一万来块的收入，相当不错哈！

后来他们告诉我，老板叫林华东，1976年生人，之前做过糕饼、开过大排档、养过猪、开过私家车，但都没能坚持下来。2017年开始，索性赋闲，靠老婆打工的微薄收入养活全家，供两个孩子读书，几年了，夫妻除了吵架闹离婚，很少说一句话。

港西村火了之后，游客越来越多，有地方特色的手工副食品和工艺品都走俏起来。在村里的支持鼓励下，有手工糕点手艺的林华东沿街借了个旧房子，支起炉灶，想试着看看能不能凭本事干活赚点钱。不成想一发不可收拾，他的炉灶一支，至今没停过。港西老街手工糖成为网红食品，不仅摊位的生意很好，网络订单更是忙不过来。夫妻俩每天从早忙到晚，累归累，但心里踏实，生活的“裂缝”也不治而愈。

林克和一家的境遇更是令人唏嘘。56岁的林克和患尿毒症5年，每星期都要到县医院透析3次，每年住院扣除医保后，自己需负担大约7000元。屋漏偏逢连夜雨，妻子蔡素娇两年前又患上子宫癌，术后化疗每个月都要

5000元左右。家里还有82岁的老母亲和28岁还没结婚的儿子。原本和谐美满的家庭因两场大病变得支离破碎，高额的医疗费用更是压得这个家庭喘不过气。

港西村乡村旅游线路刚好经过林克和家门口，他们一家找到了商机，在家门口摆起地摊。榨甘蔗汁，烤红薯，炸虾块，老妈也帮着摆起小孩钓鱼摊，春节前每周六、日都可以有1000元净收入；春节期间更是生意火爆，每天可以有3000元左右的收入，都要请亲戚朋友来帮忙。一家人对生活又有了希望，脸上也有了往日不见的笑容。

义兴说，乡镇乡镇，战无不胜；基层基层，无所不能。我笑弯了腰，这么鲜活的、乡土气息浓郁的、可与农村墙体标语媲美的语言，大概只有乡镇干部才能够脱口而出。但问题是，港西村今后的拆迁不是会越来越难吗，战无不胜无所不能的乡镇干部啊，请接受新的挑战吧。

好在这些都说明，港西村的老百姓确实过上了好日子，获得感和幸福感都在不断提升。从这个意义上说，难就难点吧，谁让我们工作的出发点和落脚点，都是全心全意为人民服务呢！

有时星光，有时月光。

（九）

这组文字2021年从2月24号开始写，一直写到3月3号。之前也有主题系列，但难免断断续续，一口气写8篇从来没有过。更有意思的是“发”，大概是因为白天写晚上发，写完文字修完图就很晚了，所以有意无意机缘巧合的，“发”的时间被卡在 00：00。

“朋友圈”本来就是一个很松散的平台，大半夜发有没有人看都很难说，所以对我来说，就是“发”了而已。但没想到的是，这一组文字，从内容本身到发布形式都带给了我意外的惊喜。

3 月 1 日晚 23：40，乐陵突然给我发信息，对话如下：

“超级喜欢王老师的文章。”

“怎么突然想起发这么个信息过来？”

“最近连续好多天睡了，睡不着，爬起来。”

“爬起来干嘛？”

“爬起来看看您的文章。”

“哈哈哈，不至于吧。”

“你别不信，有时星光，有时月光，好感触，我很多时候都在想，铜陵缺一本有流量的书，系统地讲（铜陵）故事，用心，用情，有大道理（但是不枯燥），有故事（吸引人），关键像是游记（但是不散），让人愿意去读，发人深省。”

“您的文章对于当地的宣传很有意义，关键是成了一个体系，时间一长，可以自动集结成书，有一个地域的逻辑。”

而在同一天晚上的 1 小时 50 分钟前，21：50，义兴来信问：“预先透露下，晚上还有吗？”我说还有。23：56 信息来了：“王常委，手捧手机坐在沙发上，准备观看电视连续剧《乡村振兴爱情浪漫曲》第七集了。”

第二天晚上，19：22，义兴又来信：“晚上是大结局吗？应该还有吧？林松峰说的。”“他怎么知道？”“分析的，哈哈。”

林松峰有分析能力我是信的。那次在陶斋，华彪说，听老人讲港西是东山最早的人类聚集地；松峰说，这个我考察过，磁窑有宋墓，后林有元墓，港西我反复找，明代的墓很多，但再早没有找到，所以，

应该是从磁窑那边一路过来的。

听完会觉得有理有据，但我的文章是不是该收口，他是怎么分析出来的呢？我不得而知。这倒勾起了我的好奇心，得问问。

23：08，义兴发来了一串信息：

“提前一个小时准备看第八集了。”

“像小时候等待看电影一样。”

“迫不及待的心情。”

“等十二点钟声敲响才上演哈。”

“最近这几天虽然觉睡不好，但心情好呀，走路还会哼歌呢。”

我特别能够理解，这组文章是写港西村的，义兴作为樟塘镇的党委书记，一定会格外关注，格外期待。但因为这些文字，远在安徽铜陵的乐陵每天躺下又爬起来，义兴则像小时候等待看电影一样等待着，让我很感慨。但事实是，这件事情远不止于此，后面发生的一切，更加令我百感交集。

（十）

2月27日凌晨，00：34，义兴发来信息：

“这几天晚上十二点左右都机不离手，准备看您的朋友圈。”

“传奇，每晚12点分秒不差准时出现呢。”

“林华彪本想回去义乌，现在说等您回来见面后才去呢。”

3月1日晚，问完是不是大结局后，义兴说：

“林松峰被您感动了。”

“怎么？”

“已经答应不退出采石坑和龙舟池项目。”

3月3日，早上8：15分，义兴又来信说：

“洪书记打电话过来。”

“说你这个港西打造得还不错，要思考把全县全镇的小吃弄几十家集中在港西，租用老百姓现成的旧房子搞一条小吃街。”

“他是从您的朋友圈看到的。”

“林峰也来了。”

林峰何许人也？

闽南的宗族关系真是错综复杂。华彪说，林峰是我大哥，改天介绍你们认识。等到真认识了才发现，在港西这一股“林”姓中，林华彪是第十九代，林峰是第二十代，林松峰是第二十一代。也就是说，华彪是林峰的叔叔，那他为什么说林峰是大哥呢？

一是因为林峰年长一些，二是因为林峰是“带头大哥”。

当年高考失利，林峰进了补习班，但在之前的暑假，早已学会修鞋手艺的他适逢亲戚出门留下一台修鞋机，就摆了一个修鞋摊，暑假净赚600元，那可是20世纪80年代初期啊！开学后，他补习了3个月，想想都觉得从千军万马中过独木桥去考大学基本无望，再想想修鞋来钱那么快，还不如去修鞋好了。

20世纪80年代初期是一个什么时期呢？比较著名的一个说法是“人傻，钱多，速来”，到处生机盎然，遍地都是机会。这一修鞋就修得一发不可收拾，修到了卖眼镜、卖家电、家电大卖场、房地产、KTV、超市、酒店、餐饮……

早年林华彪退伍回来，在铜陵镇当保安，没事就去林峰的眼镜店呆着，在这里完成了商业启蒙教育——发现做买卖比当保安赚得多多了。从此远走义乌，在那里闯出了一片天地。他说林峰是大哥，没错，确实是他的“带头大哥”。

3月16日，15：08，义兴通报了一个最新进展：

“现在林峰和华彪初步答应各出150万元建设陶斋后面的六栋别墅。”

“两栋作为村里老人幸福园之用。”

“另外四栋可以出租。”

“这六栋他们两个人建完后都要无偿捐给村里。”

“这都是您辛苦写的《有时星光　有时月光》的作用呀。”

我十分惊愕，就这些文字，居然影响了这么多人，撬动了这么复杂的一个系统！

同时，想到两点。

从文学角度讲，一千个读者心中有一千个哈姆雷特，创作完成之后，作品就不属于创作者自己了，究竟在受众那里会发生什么，是不是受众会半夜爬起来或者深夜守候，作者并不知道，当然，也未必需要知道。

从效果角度讲，义兴说“都是您辛苦写的《有时星光　有时月光》

的作用”，这是一种感恩的表达，但事实上，更应该感恩的是我，因为并没有谁要求我、强迫我，之所以写，是因为我自己内心深处有写的需求——那些现场真切的感受，以及欲罢不能的写作冲动，我写了出来，而且得到了现实的回应，这一切，相当地满足了我内在的需求。

所以，谢谢港西，谢谢东山。

有时星光，有时月光。

05

『帝祖』关公

弗雷泽在《金枝》里给宗教下的定义是：相信自然与人类生命的过程乃为一超人的力量所指导与控制，并且这种超人的力量是可被邀宠或抚慰的。

然而，当东山人把关帝视为先祖时，他们就无需费心尽力去邀宠什么，更无需苦修苦行去朝圣什么，因为祖先宠爱后代是题中应有之义，被宠理所当然，所以，神秘而疏离的『超人的力量』在这里变得可以感知、可以亲近，使东山的关帝信仰从神圣走向了日常。

（一）

东山岛的“三公”文化，黄公和谷公基本上写得差不多了，但关公迟迟没有动笔，不是不想写，而是确实不知道从哪里开始下笔，压在心底沉甸甸的，一直写不出来。

但对我而言，这部分的分量无疑是重的，因为我从北至南来到东山岛，上岛后听到的第一位“老乡”就是关公。听说他在这里被奉为“帝祖”，几乎家家户户都在大堂正中间供奉他，每天早晚都要进香向他“早请示，晚汇报”，求保佑护平安。

“汉封侯、宋封王、明封大帝；释称佛、儒称圣、道称天尊”，在历史的时空中，关公奇迹般地由人而神，由神入圣，成为中国社会朝野上下共奉、三教九流同尊的一位神祇。但放眼全世界，在信奉关公的其他地方，人们通常都称其为“关帝”“关公”“关圣帝君”等，唯独在东山岛，人们称他为“帝祖”，也就是说，东山人不把“关帝”当神，而是当人，当家人，当先祖。

这就很奇怪了，关公是山西解州人，从未来过东山岛，东山人也不是他的后人，为什么这里的人们要视其为祖先，称他为“帝祖”呢？

原因在于清初的沿海迁界。

由于战乱、自然灾害和移民支边等原因，中国历史上一共有过六次大规模人口迁徙浪潮，其中三次比较有名：明初

山西大移民；湖广填四川；闯关东，走西口，下南洋。但从人口迁徙的规模以及迁徙过程中的凄惨程度来看，康熙皇帝在沿海实行的迁界政策，一点都不亚于这几次，甚至有过之而无不及。

沿海迁界，说到底，是一项军事战术——坚壁清野。一般我们说坚壁清野，是针对军事物资和后勤保障而言的，意思是要加强工事，坚固堡垒，将粮食作物和重要物资藏起来，使敌人深入后无所收获，耗其力量。但康熙皇帝的这次坚壁清野却完全不一样，清政府在沿海地区从濒海三十里左右，到濒海四十里、五十里，乃至二三百里不等，划定范围，设立界碑，甚至修建界墙，强制沿海居民内迁，以避免当时台湾地区郑经的军队袭扰沿海来攫取给养，从而削弱台湾郑氏海军的作战能力。

这意味着当时的沿海居民，在没有任何征兆和准备的情况下，就被清廷骑兵逼迫着携妻负子迁离故土，来不及带走什么，留下的全被放火焚烧，片石不留。这样的迁徙既无目的地，更无任何保障，以致“民死过半，枕藉道涂。即一二能至内地者，俱无儋石之粮，饿殍已在目前……”[①] 凄惨悲苦不难想象。若是有人躲到山上，清军会以“可以

① 出自《榕城见闻》。

留下来”引诱他们出来，然后，将他们全部杀死，导致复界后枯骨遍地，惨不忍睹。

当时，奉诏迁海的共有直隶、山东、江苏、浙江、福建、广东六省（按现在的省区划分还包括广西、海南的沿海地区）。迁界之后，整个中国沿海地区确实成了一个无人区，让曾经打败荷兰殖民者的台湾郑氏政权得不到大陆的物资，为后来施琅攻陷台湾，清朝统一全国起到了一定的作用。

但迁界禁海，也使得从江苏浙江到广东福建，沿海数千里肥沃的土壤全部变成了荒野蓬蒿，对中国沿海经济产生了非常恶劣的影响，严重摧残了明代晚期以来中国东南沿海地区的原始资本主义经济。至于人民，如一位清廷官员的遗疏所言，“近因迁移渐死，十不存八九”，残暴程度，骇人听闻。

那么，东山岛作为沿海地区的一部分，在迁界过程中发生了什么？为什么迁界是东山人奉关公为祖先的原因呢？

（二）

在东山县前楼镇岱南村，有一棵500多年的古榕树，被称为“众公妈古树庙”，为什么是“众公妈”？究竟是“树”还是“庙”？一个奇特的名字，见证了东山岛先民们迁界过程中的一段心酸史。

清康熙三年（1664年）农历三月初六，清军大队兵船南下进入东山岛，《台湾郑氏始末》一书记述：“尽驱沿海居民入内地，筑墙为界，纵军士大肆淫掠，杀人山积，海水殷然”;《台湾外志》记载：“东山岛民背井流离，颠沛之惨非常，背夫弃子，失父离妻，老稚填于沟壑，骸骨白于荒野……”。

具体到岱南村，当然也是在劫难逃。即便居食无所，不知迁往何方，但也得迁啊！但举家内迁，总不能带着祖宗的牌位和香炉四处流浪吧！

于是，村里的长辈和乡贤们对如何安放祖宗牌位问题进行了协商，有人主张放在家中，有人提出放到祠堂、公厅，还有人提议放到庙宇中。考虑到人走屋空，年久失修的房屋随时可能倒塌，也容易被清军放火焚烧，大家最后决定在比较隐蔽的村北面一大片杂树林中，选择一棵当时已有 150 多年树龄的古榕树，在其旁边建一个简易的石头屋，让乡亲们把祖宗牌位放进里面，既保护了牌位，村民内迁后祖宗们还可以聚在一起，不孤独。

19 年后的 1683 年，施琅将军平复台湾，沿海复界，饱受流离之苦的村民陆续返乡。可是回来一看，因为年久雨淋、白蚁蚀食，原来用木头做的上百个祖宗牌位早已朽烂，无法辨认领回，再加上古榕树须根盘根错节，绕着简易石屋形成了一间树屋。众乡亲们协商约定，将此处冠名为“众公妈古树庙”，并确定农历九月初九为众公妈生日（劫后重生之日）。

如今，这棵饱经 500 多年风雨洗礼的古榕树仍然枝繁叶茂，树冠遮天蔽日。逢年过节，尤其是每年清明节，村民们都会集中来这里举行祭祖仪式，旅居海外的侨胞台胞也纷纷返乡，来这里缅怀先祖。

那么，为什么迁界是东山人奉关公为祖先的原因呢？

武守為
九月吉
日募衆
共建

由于东山人之前积极抗清和隶属军户等原因，复界之后，清政府不给东山人民入籍。没有户籍，东山人民就不能参加科举，不能置业，加上课税繁重，东山人民生活在水深火热之中。

相传，在这种情况下，关帝爷托梦给当时的漳浦（当时铜山隶属漳浦）知县陈汝咸，让他以“关帝”的名义向朝廷奏请让东山人民入籍。而关帝爷出面，清政府不敢不给面子，终于同意以关氏后裔“关永茂”为总户主设立一大户，让全体东山人加入其中。

于是，东山人有了关氏的户籍。由此始，东山全岛百姓共认关氏为宗，同奉关帝为祖，家家户户厅堂之上都悬挂“帝祖”神像，世设家祭，每日晨昏焚香礼拜，形成了独特的信奉奇观。

（三）

关帝爷为什么要托梦给陈知县帮助东山人民入籍呢？这还要从东山岛和关帝爷的渊源说起。

“汉封侯、宋封王、明封大帝”，关公信仰是一个渐进的过程。遥想当年，关羽因大意轻敌被擒杀，悲壮地死去，身首异处。之后，他集“忠、义、仁、勇、礼、智、信”于一身的英雄形象在民间被广为传颂。隋唐时，佛家把关羽拉进佛门，封为“伽蓝神”。北宋时，宋徽宗屡次褒封，直至“武圣人”，列座仅次于“文圣人”孔子，道家也不甘落后，尊其为“关帝圣君”。

从此，关羽人气骤升，名声大振。明代王世贞云：“故前将军汉寿亭侯关公祠庙遍天下，祠庙几与学宫、浮屠等。”清代赵翼更是叹曰：“今且南极岭表，北极寒垣，凡儿童妇女，无不震其威灵者。香火之盛，将与天地同不朽。”民间则通俗地讲：“县县有文庙，村村有武庙。”也就是说，全国孔子庙约有两千座，而关帝庙，即便按照清代概算，数量也可达几十万座。

虽然“村村有武庙”一说不太好考证，但有意思的是，就在我酝酿写这篇文章时，刚好去了一趟“闯关东”的起点——山东省章丘市朱家裕村。导游介绍说前面有一座关帝庙，但走着走着，她却在一堵墙前停下来，说这就是关帝庙。懵圈的我定睛一看，原来墙角处有一个佛龛，再往里看，果然供奉着关公和关平周仓——很小很可爱的石头塑像。导游说，这是全国最小的关帝庙。

真是意外的惊喜！写作前无意间拜谒了一座全国最小的关帝庙，难道是冥冥之中的力量加持吗？哈哈哈，但确实也从另一个侧面印证了关帝信奉的普遍性。

东山岛最早的关帝香火可以追溯到唐朝，据史料记载，唐总章二年（公元 669 年）泉潮间蛮獠反，归德将军陈政临危受命，以岭南行军总管的身份，率领 3600 名府兵、123 员战将、87 姓将士从河南固始县出发，南下入闽平乱，继而开拓闽南，其中 64 姓建置漳州，驻军东山岛，为安抚将士，从家乡引来关圣帝君香火。

宋时关公为东山岛留下了一个美丽的地名传说——马銮湾。南宋末年，据说当年，赵帝昺与陆秀夫被元朝兵将追击，一路南逃至铜山（东山），铜山天尊堂之右有祠祀关公，敬之。回往途中，忽然马停不走。陆秀夫觉得奇怪，抬头一望龙潭山上有灯光呈现，就向赵帝昺建议将山上人家移到此地，取名为马銮村，对面的海湾，就被称为马銮湾。

专门为关公建庙，则到了明朝。东山关帝庙正殿右侧有一块碑，开篇一句“洪武二十年城铜山以防倭寇刻像祀之以护官兵”记录了建庙的由来。明洪武二十年（1387 年），朱元璋的发小、江夏侯周德兴在福建沿海戍兵，大兴土木，修城筑寨，以防倭寇，仅在漳州府就修建了镇海、六鳌、铜山、悬钟四座临海城堡，背井离乡从中原来到闽南的士兵们，行李中带着关公的香灰，求一路平安，保佑庇护。

“刻像祀之”是怎么回事呢？据说，当时用同一块木头刻了两个关公像，分别安置在悬钟所和铜山所。一开始，悬钟所的关公特别灵，海盗和倭寇在这里屡屡受挫，但今天来看，铜山所的关帝庙声名鼎盛，位列全国四大关帝庙之一，悬钟所的呢？我专程前往诏安探访，大概是中午的缘故，香客稀少，整个庙宇十分简陋，屋顶和墙壁黑乎乎的，应该是经年不断的香火所熏。

其间发生了什么？相传当年海盗屡屡不能得逞，便派人潜入悬钟所，在关公塑像后腰位置钉进三颗钉子，此后，关帝灵性从悬钟所转移到铜山所。所以，当东山人民遇到不能入籍的难题时，关帝爷就托梦给陈知县，救东山人民于水火。

（四）

那一年，
磕长头匍匐在山路，
不为觐见，
只为贴着你的温暖；

那一世，
转山转水转佛塔，

不为修来世，

只为途中与你相见。

弗雷泽在《金枝》里给宗教下的定义是：相信自然与人类生命的过程乃为一超人的力量所指导与控制，并且这种超人的力量是可被邀宠或抚慰的。如何邀宠呢？仓央嘉措笔下的“磕长头匍匐”或“转山转水转佛塔”，是不是最虔诚的邀宠呢？

然而，当东山人把关帝视为先祖时，他们就无需费心尽力去邀宠什么，更无需苦修苦行去朝圣什么，因为祖先宠爱后代是题中应有之义，被宠理所当然。所以，神秘而疏离的“超人的力量”在这里变得可以感知、可以亲近，使东山的关帝信仰从神圣走向了日常。

清明小长假期间，我去铜陵镇的古街小巷走了走，从半开半掩的大门望进去，几乎家家户户大堂正中间都供奉着“帝祖”。在东山人看来，“帝祖”是家里最重要的成员，只要“帝祖”在，心里就踏实，同时，“帝祖”又是最有智慧的尊长，只要有心事有难题，就可以向他求教求解。问题是，“帝祖”又不会开口说话，怎么向他求教求解呢？

还是有办法的。在关帝神像前的供奉桌上，有一件特别的器物——两个约巴掌大的半月形木块，一面平坦、一面圆弧凸出，两个合起来形如牛角的前部，这就是圣杯——东山人和“帝祖”交流的工具。

交流的过程一点都不复杂，圣杯的凸面为“阴”，平面为“阳”，遇到难以抉择的事情时，先上香向“帝祖”汇报，把自己的想法告诉“帝祖”，然后，把圣杯举在手中，摔到地上，通过圣杯落地的正反情况来看“帝祖”之意。

如果落在地上的是一个平面一个凸面，称为“圣杯”，表示“帝祖”认同，行事会顺利。如果是两个凸面，称为“阴杯”，表示“帝祖”不认同，行事会不顺。如果是两个平面，称为“笑杯”，表示“帝祖”尚未决定要不要认同，行事状况不明，多以接连三次摔杯作数。而遇到重大之事，东山人更是相当慎重，通常都要前往关帝庙请香抽签，拜请“帝祖”裁夺。

我听说了各种东山关帝庙香火旺盛的故事。跨年夜的故事最传奇，几乎每一个人说起，都是一副惊叹不已的表情——为了去关帝庙守夜上第一炷香，几千人挤在那个小小的主殿，侧身都不容易。除夕那天，就地过年的我专门去了一趟关帝庙，想看看是怎样的盛况，可惜，受疫情影响和有关规定限制，只看到门口三三两两的散客在闲转。

前些日子，为了写这篇文章，我去关帝庙拜访在那里工作了 30 多年的阿杰，这一次，感受到了人声鼎沸的气息。

一进太子亭，就听到主殿方向传来此起彼伏的、清脆的、吧嗒吧嗒的摔杯声。进入前殿后，在缭绕的烟雾中，我在回廊边站了一小会儿，看大姑大婶们抽签问卜。只见她们在抽签之前，口中念念有词，告诉“帝祖”祈求之事，然后，从签桶里随机抽一根签，放在香炉上，然后，摔杯问“帝祖”，此签可否？“帝祖”认同，就是此签；“帝祖”若不认同，则把签放回签桶里，重新抽一根出来，继续打圣杯，直至“帝祖”认同为止。

在基督教中，圣杯是在最后的晚餐上使用过的、在耶稣受难时盛放其圣血的杯子，具有死而复生的神奇魔力。这个杯子后来遗失了，屡次成为发动战争的由头。但在东山的关帝信仰中，圣杯却是普通实在的，东山人经由它与“帝祖”对话，并在一问一答的吧嗒吧嗒声中，温和而恭顺地走进世俗生活和精神家园。

（五）

常言道，母舅公大过天。大概也因此，百度百科用了一种天经地义式的口气解释“母舅联”：自古以来，举凡结婚、乔迁新居之日，事主的舅舅总要给外甥送一副贺联……挂于厅堂正中，直到陈旧破损才取下。

东山也不例外，举凡结婚、乔迁新居之日，事主的舅舅总要给外甥送一副“母舅联”，但这副“母舅联”因为信奉“帝祖”和其他地方有了区别，那就是除了贺联，还要加上一幅关公画像。因此，东山的“母舅联”被赋予了一个特殊的社会意义：衡量一个孩子是不是可以独立门户，就看他能不能独立供奉“帝祖”。当然，也因此带来一个商机，那就是关公画像的创作。

那天原计划只是去孙家大院走走，但沿着小巷子一路走过去，看到我对小巷人家大堂供奉的“帝祖”画像感兴趣，下田社区的凤君书记说，我公公就是画关公画像的，一句话勾起了我莫大的兴趣，但是她又说，我公公两年前就已经患老年痴呆了，没法和人交流。

那么，还有谁在做这件事情呢？这一问，把我们带入了一个悲伤而励志的故事中。

一开始，我们打听到顶街社区有一位“帝祖”画像的创作人，叫陈江柱，惠儿[①]带着我们过去拜访。陈师傅的工作室就在家中，一间10平方米左右的小房子中间，一张大大的画桌，桌上刚好铺着一幅刚刚完成的“帝祖”画像——面如重枣，唇若涂脂，丹凤眼，卧蚕眉，头裹青巾，身着绿袍，相貌堂堂，威风凛凛！陈师傅说，创作这幅画需

① 东山县铜陵镇顶街社区书记林惠儿。

要四天时间，差不多可以卖到三千块。我觉得作为民间创作人，这个投入产出比还是不错的。

从陈师傅家出来，正要打道回府，惠儿忽然说，铜陵还有一位画关公的残疾人，叫黄继明，他天生没有手指，但靠着毅力能够画关公的工笔画。

那必须去看看。

车子停在了一个摩托车修理部前面，两辆正在修理中的摩托车，各色各样的扳子、改锥、机油和线圈。

“这里吗？”

“是的。”

抬头，看到“零公里润滑油”的广告横幅后面，站着一个人，笑嘻嘻地看着我们。他就是黄继明，上面搭起的那一小长溜阁间，就是他的画室。

其实，这已经是一间很长时间没有启用的工作室，调色盘都是干的，显然是惠儿打完电话后，他临时上去整理了一下，一幅关公像象征性地展示在桌上。

“我从小就喜欢画画，不过，从去年开始不怎么画了。”黄师傅说。

“为什么？”

“现在时兴木刻关公像，手绘的市场越来越小，所以，后来我就主要以修理摩托车为主了。”

“可以现场画一张吗？”我说。黄师傅二话没说，找了支笔铺开纸就开始画，右手没有指头，只能用左手的三个指头作画，画得很投入很娴熟。我很难想象，这样的一双手，既要提笔作画，还要修理摩托。

想起东山“母舅联”的特殊意义，而黄师傅，用他的三个指头，以及单薄的身体，供奉了“帝祖”，撑起了独立门户。

（六）

时来天地齐运力，这句话用在我那天的铜陵之行，再恰当不过，如若不然，怎么可能有那么多的意外收获?

如前所述，一开始，雪萍[①]约我去看孙家大院，走街串巷过去的路上，我亲眼目睹了家家户户大堂供奉“帝祖”的壮观景象，这是第一个意外的收获。后来，听到黄师傅的励志故事，我亲身感受到了身残志坚的强大力量，这是第二个意外的收获。除此之外，还有一个十分意外的收获。

顺着顶街往前走，偶尔扭了一下头，发现自己站在一间小店门口，收银台的后面，坐着一个可爱的、胖乎乎的姑娘，这不是宽宽吗？！

宽宽是东山文创协会的会长，上次她们在淘趣工坊举办古琴演奏会，我和她聊了一会儿。她说她们在顶街有一家关公文创产品店，我当时还很遗憾地说，去了那么多次顶街居然没碰到，而这一次，一瞬间的“蓦然回首”，这间店竟然就在眼前，这可真是一个意外的收获。

传统的关公文化传播，无外乎一座关帝圣殿、一尊关公圣像、一块青石古碑、一些书籍和影视产品，在这些传播载体中，关公的形象虽然也会有变化，比如绿袍关公、红袍关公、文关公、武关公、站着的关公、坐着的关公……但总体而言，都还是《说唱脸谱》中“红脸

① 东山县妇联主席方雪萍。

的关公战长沙”的戏剧脸谱形象。

但文化经过创意就大不一样了，文创是一种全新的艺术形式，用轻松有趣的方式解读传统文化内涵，使古老的、经典的文化实现从沉重到轻盈的“华丽转身”。所以，当听说宽宽在做关公的文创产品时，我很想知道，经过她们“创意”的关公形象，究竟会是什么样?

小店的名字叫“铜山味”，算不上琳琅满目，但简单而精致，清新的味道扑面而来。

主打产品是她们在海峡两岸（东山）关帝文创设计大赛中荣获概念设计类金奖的《义夫当关表情包》，这是汲取关帝“忠、勇、仁、义、礼、智、信”的精神内核设计出的一款动漫版关公形象。7 个 Q 版小关公虽然承袭了红脸绿袍等传统特征，但在视觉呈现上或骄或嗔，符合当今时代审美特征，已经是一款新的“文化再造品”了。宽宽说，其中最受欢迎的，是那款“义”字 Q 版小关公。

获奖的另外两个系列——“帝祖保庇”系列产品和“铜山味”（旅游食品）也都在店中陈列，明信片、冰箱贴、手机壳、香囊、公仔手表、文化衫等，带着浓郁的“帝祖”气息。令人惊讶的是，传统占卜用具圣杯，居然也被她们开发成了创意产品，小巧可爱，新颖别致。

宽宽说，我们公司名叫“赤兔马”，我们愿意像赤兔马一样，踏浪驱驰，永不卸鞍，通过“文创”这一现代传承路径，实现关公文化的推陈出新和广泛传播。

意外的收获，令人惊喜。

（七）

佛家讲“三身说”——法身、报身和化身，寺庙里所塑的像属于化身，南怀瑾先生用一句诗来阐释：“千江有水千江月，随缘应现靡不周”，也就是说，化身佛是应众生之机缘而变现出来的佛身，哪里有缘，他就在哪里出现。

游神是化身的一种，或称圣驾巡游、游老爷、游菩萨、神像出巡等，是在新年或神诞日进行的一项仪式，将神像请进神轿，抬出庙宇游境，接受民众的香火膜拜，保佑合境平安。

每年的农历五月十三日是东山关帝圣驾巡游的日子，场面隆重而热烈，锣鼓、舞龙、秧歌、伞队、乐队演奏等艺阵绵延不绝，至少需要半个小时才能陆续启程。长长的队伍中，来自宝岛台湾的方阵格外引人注目。为什么台湾信众要跨越海峡来参加东山县的关帝圣驾巡游活动呢？

这就是“帝祖”的第二个含义所在。关帝，不仅是东山人尊奉的“先祖”，而且是台湾岛近千座关帝庙的香缘“祖”庙。

确定吗？怎么那么确定？

在关帝庙主殿的石柱上，悬挂着一副黄公道周题写的对联，上联是“数定三分，扶炎汉，平吴削魏，辛苦备常，未了一生事业”，下联是“志存一统，佐熙明，降魔伏虏，威灵丕振，只完当日精忠”。1990 年 7 月，台湾李炳南教授到东山关帝庙考察，看到这副对联后恍然大悟地说：“台湾诸多的关帝庙都悬挂此楹联，但不知出于何时何地由何人所撰。现在这个谜可解开了，找到这个根了。”

东山关帝庙，是台湾关帝信仰的发祥地，是台湾众多关帝庙分灵入台的祖庙。一个渊源是，清康熙二年（1663 年）郑成功的儿子郑经撤离铜山到台湾，宁靖王朱术桂特地在王府内建造了从铜陵关帝庙分灵过台湾的关帝庙，庙宇仿效铜陵关帝庙形式建造，神龛上就挂着黄道周的这副对联。而在清康熙二十三年（1684 年），水师都督施琅率师收复台湾后，官兵们也把铜陵关帝庙的香火带入了台湾各地。

正因为这样，1995 年，东山关帝神像被众多信众接入台湾，进行了台海两岸交流史上首次环台巡安活动。“神像”从东山港起驾，经澎湖巡境、驻驾紫微宫，进而入台湾环行全岛。所到之处，鞭炮齐鸣，锣鼓喧天，由于台湾信众的热情奉请，原本一个月的行程一直延续到半年之后，关帝神像才启程回到东山关帝庙。

通过台湾这个“中转站”，东山关帝庙开枝散叶，远播海外，新加坡、印度尼西亚、马来西亚、泰国、菲律宾、越南甚至美洲地区的一些关帝庙都从这里分灵挂香缔结香缘。因此，东山也被称为关帝文化从中原走向台湾和海外的“码头”。

这也是地处闽南海隅、占地仅一亩的东山关帝庙，能够与山西运城、湖北当阳、河南洛阳关帝庙并称全国四大关帝庙的原因。众所周知，山西运城是关帝的出生地，湖北当阳是关帝的身体所葬地，河南洛阳是关帝的头部所葬地，一直以来都有中国三大关帝庙之说，但小小的东山关帝庙，硬是凭借与台湾和海外关帝庙的独特渊源，跻身这三家闻名遐迩的关帝庙之列，成为中国四大关帝庙之一。

那天送我离开关帝庙时，阿杰说，他对四大关帝庙有个总结：头枕洛阳河南关林，身卧当阳湖北关陵，魂归故里山西常平，神定东山福建铜陵。

“千江有水千江月，随缘应现靡不周。”“帝祖”，也是一种化身，是应东山之机缘而变现出来的佛身，而神定东山，是东山人对“帝祖”的美好祈愿，也是他们对“帝祖”信仰的坚定信心。

隆
重

CHINA UNITED TRAVEL
600358

06

扬帆起航

孤独落向现实，落向『星星的孩子』，在他们终其一生的孤独中，有一条路为他们敞开，沿着这条路，他们走向帆船，扬帆起航，向大海而去，向着一种不一样的命运状态而去。是海子说的吧：面朝大海，春暖花开。

（一）

扬帆起航，今天已经变成了一个励志的成语，大多用于演讲或者文章的结束，特别常用。但很有意思的是，你不妨回忆一下下哈，当你几乎不由自主地写下这四个字的时候，你真的知道“扬帆起航”是什么感觉吗？

帆船（Sailboat），是利用风力前进的一种船，是继舟、筏之后的一种古老的水上交通工具，已有五千多年的历史。想想电影《加勒比海盗》中的“黑珍珠号”——扬帆逐浪，乘风破浪，奔向自由，奔向远方——对于向往自由与勇气的人来说，这是多么富有刺激性的语言啊！

那次和博士同学程文聊起来，她说，她在英国上学时，跑到英格兰北部去看詹姆斯·库克船长的故居，进去的时候，看门人问她是不是日本人，她说不是，又问是不是韩国人，她说也不是，又问是中国人吗？她说是。看门人说，“你是中国人那你就不用看了，你们有郑和，比詹姆斯·库克早太多了。”是的，库克船长（Captain Cook），英国皇家海军军官，著名的航海家和探险家，曾经三度奉命出海前往太

平洋，带领船员成为首批登陆澳洲东岸和夏威夷群岛的欧洲人，创下首次有欧洲船只环绕新西兰航行的纪录。

但是说起来，库克船长活动的时期，是在18世纪，而早在300年前的15世纪初期，中国明代的太监郑和，就率领庞大的船队七次出海下西洋，到达亚洲和非洲30多个国家。

不过，无论早一些还是晚一点，郑和和库克船长的出海远洋都是真正的“扬帆起航”，因为他们出海所使用的船只，都是风力驱动的帆船。在风帆提供的动力下，曾几何时，从亚洲到欧洲，从东方到西方，不同地区、不同肤色、不同职业、不同目的的人们不约而同地“扬帆起航”，驶向远方，或为寻人，或为寻宝，或为探险，为人类活动方式提供了一种新的可能性，更在人类航海史上留下了一幕幕风起云涌、波澜壮阔的历史画卷。

然而今天，远洋巨轮也好，近海快艇也罢，都已不再以“帆”为动力。这就使得如今的所谓“扬帆起航”，要么以一种运动项目出现，要么是一种娱乐休闲的体验，除此而外，就是文学或美学意义上的一种辞藻意境了。

然而我，却在无意中走进了帆船，无意间体验了一把“扬帆起航”的感觉，不一样，确实不一样。

怎么不一样？

安静。有声音，但是好安静。

帆船像一叶扁舟，漂泊在大海之上，在有节奏的海浪声中，随着帆船的起伏，轻轻闭上双眼，大脑渐渐放空，感觉像水中的鱼，无声息地遨游在大海中。是啊，最初那些年，我们不都是鱼吗？这一次，我坐上帆船，悄无声息地，漂流在漫无边际的大海里，仿佛回到了最初的时光。

（二）

暮色渐起，晚霞满天，耳边忽然响起悦耳动听的音乐声——月亮

在白莲花般的云朵里穿行，晚风吹来一阵阵快乐的歌声，我们坐在高高的谷堆旁边，听妈妈讲那过去的事情……

是利勇[①]，打开音箱，放了一首《听妈妈讲那过去的事情》。悠扬的音乐将我带回了记忆中的家乡，那里大山巍峨、绵延不断。那时候，

① 东山翔业文化发展有限公司总经理李利勇。

妈妈说：要知难而上，勇攀高峰；世上无难事，只要肯登攀——这是大山给人的启迪，是一种自然环境给人们带来的一种价值观。

但此时此刻坐在帆船里，游弋在大海上，我来到了另一个世界，带给我的感受截然不同——不是勇攀高峰，而是“随波逐流”。这个词对于来自大山深处的我来说，从来就是一个贬义词，孟子更是在《尽心章句上》中，直接将“随波逐流”与“平庸之人”放在一起，认为这样的人是不求上进混日子的人，是做一天和尚撞一天钟的人。但是，当我们扬帆起航驶向大海，最直接的生存需求和现实体验就是“随波逐流”。这一刻，我深深体会到了生存环境不同，生活方式不同，价值观念不同，思想文化也不同。

更有甚者，利勇一边操作舵杆一边说，我们这是典型的“见风使舵”——这更是妥妥的一个贬义词了，但是，在当下的情境中，又有什么错呢！大家坐在帆船里，没有马达轰鸣，利勇通过操作手中的帆绳，控制着帆面与风之间的角度，捕捉着风的动力，从而借助风力向前行驶，这时的“见风使舵”，不正是一个优秀船手的标志吗？！

帆船向大海深处去，海风忽然大了起来，海浪波涛汹涌，“随波逐流”顷刻间变成左摇右晃，一个巨浪过来，船竟然贴着浪竖立了起来——我滴个天，这是要翻的节奏啊。我吓得脸都白了，转头看，利勇依旧气定神闲，摆弄着手里的那几根绳子。显然是看出了我的惊慌，他说，我们对船底做了改进，下面很重，会摇晃，像不倒翁一样，可以倾斜 45 度，但不会翻船。

我忽然想起，这可是位全国帆船帆板赛冠军，又有什么可怕的呢？！不过，“你怎么想到要来东山创业呢？”回过神的我，立刻八卦附体。

“东山的海，自然条件十分优越，是全国少有的适合帆船帆板运动的海域，尤其是马銮湾这片海，早已蜚声国内海洋运动界。早在新中国成立初期，国家就在这里建立了国家帆船帆板训练基地，国家队和各省队长期在这里训练，海洋运动的氛围一直都非常好。”

“我是东山人，我舅舅是帆船帆板运动员，我八岁就被舅舅带去学帆船。一开始在漳州市队，后来进了福建省队，参加了国际国内很多赛事，取得过全国帆船帆板锦标赛冠军、全国青少年帆船帆板赛冠军两块金牌，成绩还算不错。退役后，我选择在厦门做老本行帆船项目，这几年的发展很顺利，在业务拓展的过程中，我想到了东山岛，想到了马銮湾，决定回来创业。”

“听说你有一支很特别的帆船队？”

“是的，‘星星帆船队’，一支由自闭症孩子自己当船长、当风帆手的帆船队。”

“‘星星的孩子’？他们有语言障碍，沟通障碍，居然能当船长出海？”

“可以的。不信，改天我们一起出去，你亲眼看看。”

（三）

我又回去看了一遍《雨人》（*Rain Man*），那时候的阿汤哥真帅啊，但真正令人情不自已的，还是达斯汀·霍夫曼扮演的雨人雷蒙（Raymond）的那句喃喃自语：“Never hurt Charlie Babbitt”（绝不能伤害查理·巴比特）。

雷蒙有自闭症，他爱弟弟查理，但他控制不了自己的行为。他有一个自己的独立世界，按照自己的生活规律沉浸在这个世界里，自行其事，自得其乐。这个世界，别人走不进来，他自己也走不出去。所以，当他的行为伤害到查理时，他被父亲送到了福利院。若干年之后，他的喃喃自语“Never hurt Charlie Babbitt”，让在母亲去世后和父亲决裂离家出走的查理，知道了小时候为自己唱歌的“Rain Man”（雨人）不是幻想，就是眼前的“Raymond”（雷蒙），知道了原来父母为了保护自己竟然牺牲了雷蒙的真相。那一刻，是沉默的告白，是极致的情感，融化了坚冰，冰释了前嫌，令人五味杂陈，唏嘘不已。

儿童自闭症（儿童孤独症）患者先天地携带着孤独的标签。他们不聋，却对声响充耳不闻；他们不盲，却对周围视而不见；他们不哑，却不知该如何开口说话。他们像天上的星星一样游离于现实生活之外，所以，人们又将他们称为“星星的孩子”。

有数据显示，在美国，每 54 个孩子中就有一个患有孤独症，发病率高达 2%。我国虽然没有全国性的流调，但基于国内 9 个城市的数据，每 142 个孩子中就有 1 人患有孤独症。

这是一个多么庞大的人群！陀斯妥耶夫斯基说，“人们不能用禁闭自己的邻人来确认自己神志健全”，但问题是，当这个星球上每 20 分钟就有一个“星儿”坠落，当这么大的一个群体成为我们的邻人时，如果不能用“禁闭”的方式，我们应该怎么去面对他们呢？

利勇说，他的愿望是“让风帆飘进‘星星孩子’的世界”。

“是什么样的机缘，风帆飘进了‘星星孩子’的世界？”我问。

“很偶然。我是厦门市政协委员，几年前，有一次去厦门福利院调研，看到一个孩子躲在门背后，在那边自己玩，问院长，才知道这是一个自闭症儿童，被父母遗弃了。当时，现场有位领导说，小李，你看看有什么方式可以献爱心，帮助帮助他们。就是这句话，让从来没有接触过‘自闭症’这个概念的我，开始和‘星星的孩子’结缘。

我最大的特长就是帆船帆板，如果说要献爱心，组建‘星星帆船队’，带着自闭症孩子出海，应该是最好的方式。但是你懂得，对‘自闭症’这样的特殊群体，最简单的帮助其实是一次性买些东西捐献过去，正因为这样，当时包括我的启蒙教练在内的很多人都不建议我做这件事，因为做得好，大家都不知道，做得不好，却十分麻烦。

后来，我回家去问我妈妈，她说，你要听从自己的内心，我们都支持你。

我想起了父亲，1993 年得了肾病，移植需要十几万，这对我们家是一个天文数字，如果不是社会捐款，我父亲不可能有机会换肾，并换来十几年生命。

所以，我决定做这件事，但真做起来才发现，难度非常大。”

（四）

“我先去找厦门市的一位特校校长，对方很客气地以‘考虑考虑’的方式婉拒了，再去找思明特校、湖里特校，这扇门都打不开。后来，我们通过政协发起了一个服务自闭症特殊群体的倡议，承诺第一不收

钱，第二专车接送，第三从头到尾服务到底，终于从私立特校这里打开了缺口。

但接下来，更难。

一是压力大，成本也很高。在特校，1 个自闭症孩子需要 3 个老师陪同，2 个自闭症孩子需要五个老师陪同，3 个自闭症孩子则需要 7 个老师陪同。所以，开始那一段时间，一艘船载着 3 ~ 4 个孩子出一次海，我们得有十几艘船跟着出去做服务保障工作，父母、特校老师、教练都跟着，唯恐出现一点闪失。

二是来自孩子们的排斥和抵触。大部分孩子都有些抵触心理，为了让他们上船，我们和家长商量，用了各种方法，包括抱、拉、硬给他们穿上救生衣让他们到码头去，等等，但还是有些情形令人意想不到。现在‘星星帆船队’的陈新同学，一开始非常恐惧，抵触心理非常强烈，我们几个教练和家长一起抱她，她就用她的指甲不停地挖，把几个教练的手臂挖得到处是血。

三是能不能坚持下去。2013 年到 2016 年那几年，大家都说这个人疯了，每周六的船上都有自闭症孩子这个特殊群体在。对我们来说，周六是赚钱的最佳契机，为什么要放弃赚钱的大好时机而选择和自闭症孩子在一起呢？”

“现在呢？”我插了一句。

“7 年多了，一直都在坚持做，每周六都出去。”

“陈新？”

“很神奇，船一开出码头，她的情绪就慢慢地缓和了下来，脸色好转了很多，回航的时候，她甚至露出了微微的笑容。这让我们感觉到，帆船，可以给这个群体带来一定的帮助。有意思的是，后来回航要下帆船的时候，她居然不肯下来了，又是抵触和抗拒，我们不得不用让她上去的方式把她从上面抱了下来。”

“还是十几艘船浩浩荡荡出去吗？”

“现在就一条船了，孩子们都很适应，像熊欣他们7个‘星星帆船队’的队员，反复出去了很多次，非常熟练了。而且，老的还可以带新的，新来的孩子，还是需要有家长陪伴才能出去。”

“还有什么变化吗？只是笑？”

“和社会接触多了，和大海接触多了，孩子们的言行举止有很大变化，过去都是被动的，现在主动性增加了很多。我让他们用脚接触海水，他们都接受了。用脚撩着海水玩，笑得特别开心，甚至可以自己穿救生衣了。”

“这个很难吗？”

“很难，他们不会。一开始都是家长帮着穿，普普通通的一件救生衣，要穿大半天，现在很多孩子都可以自己穿了。”

“天下熙熙，皆为利来，天下攘攘，皆为利往。这些年你牺牲了一些经济收益，但我注意到一些荣誉奖项：2016年，厦门市十佳助残扶持好心人；2018年，‘感动福建十大人物’提名奖；2019年，‘厦门十大平民英雄’。”

“有名也行哈？”

想了想，我还是把这个问题问了出来。

（五）

“我们2013年开始做，到2016年这三年当中，基本上没做任何宣传。2016年，在评选厦门市十佳助残扶持好心人时，家长帮我们报了名，才有了后面的一系列荣誉。

有人说，一定要有厚实的肩膀，才有能力带领这个群体走出来。所以，对于荣誉，我一分为二地看。一方面，作为一个平民老百姓，我做这件事，是以我自己的专业去服务自闭症儿童这个群体，尽自己的一份社会责任，是个人回馈社会，不需要什么名誉。另一方面，对我们的肯定说明，我们开展这项活动得到了社会的认可，这些荣誉给

我们更多的是鼓劲鼓励，激发我们一定要把这些事情做到最好。”

“会一直做下去吗？”

“会继续做下去。作为东山人，我更希望把全国各地乃至海外的自闭症群体，邀请到马銮湾这个有着得天独厚条件的帆船帆板训练基地来，让我们来服务他们，让这项公益活动在社会各界的关注和指导下，越办越好。

今年的4月2日是‘世界自闭症关注日’，我们成立了‘十分关爱’基金，倡导全社会共同关注自闭症群体，为他们搭建一个融入社会的平台，让每一个‘星星的孩子‘感受到被理解、被接纳、被尊重、被关爱的社会融洽氛围。”

那天的活动我知道，雪萍去参加了，带着一个制作精美的塑料小花篮回来，说是180块竞拍到的。她说，“这个孩子简直就是个天才，不会说话，没有人教，竟然编出了这么漂亮的花篮，还有很多画，都是他自己一坐一整天画出来的，特别漂亮”。

“哪个孩子？”

“熊欣。”

“熊欣的父亲是一位飞行员，母亲是地勤加翻译。2015年，听说帆船活动反响很好，他妈妈带着熊欣来参加，在第一次的帆船体验活动中，熊欣的表现就比较突出，帆船航行中的适应能力和配合能力都比较好，经过两年努力和家长的配合，他慢慢从这些孩子中脱颖而出。

正是因为他，让我有了正式组建‘星星帆船队’的想法。”

4 月 2 日，熊欣的妈妈带着他从厦门来到东山，参加利勇的“十分关爱”基金成立仪式。利勇说，我们出海去。

在马銮湾，我见到了熊欣，他果然是沉浸在自己的世界里，低着头，左腿吊儿郎当地翘在椅子扶手上，一副不管不顾别人的样子，极偶尔抬起头瞄一眼我们，又迅速把目光转移到别的地方。

行吗？一直到我们坐在帆船上，我心里还在打鼓。但很快，船就开出去了，是熊欣开出去的，伴随着利勇的手势，他娴熟地摆弄着那几根绳子，一点儿都不木讷，更看不出孤独的样子。

一时间，我有点傻傻分不清楚，究竟是宽广的大海唤醒了他沉睡已久的记忆，还是人间的真情激发了他心灵手巧的天性？这个“星星的孩子”，让我想起了刻在康德墓碑上的那句话：世界上唯有两样东西能让我们的内心受到深深的震撼，一是头顶浩瀚灿烂的星空，一是心中崇高的道德法则。

（六）

电影《雨人》中，雷蒙记忆力惊人，过目不忘，心算速度不输计算器。他能瞬间数清掉落在餐厅地板上的 246 根牙签，能记得电话簿上任意一个读过的电话号码，能准确说出飞行史上所有重大空难发生的航班班次、时间、地点和原因，凭着惊人的记忆力，他在赌城拉斯维加斯，为查理赢了 86000 美元。

现实中，英国有一位自闭症画家斯蒂芬·威尔夏（Stephen Wiltshire），也拥有惊人的记忆力。2005 年 10 月底，斯蒂芬乘坐直升机游览了纽约市，全程只用了 20 分钟。但在接下来的 3 天时间里，他完全凭记忆在 6 米长、0.8 米宽的画布上画出了纽约市全貌，令人惊叹的是，画面上甚至连帝国大厦、克莱斯勒大厦等标志性建筑的细节都丝毫不差，被称为“人肉照相机”。

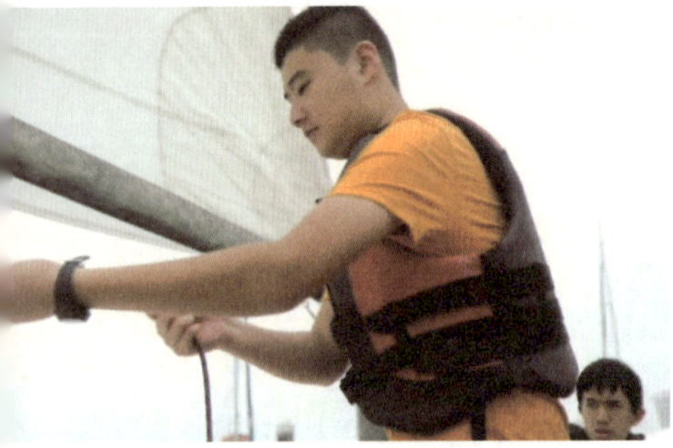

在不少人眼里，自闭症似乎就是天才的代名词。利勇说，“星星帆船队”的 7 名队员中，确实有一位天才——明华，一个心算天才，只要你说出某年某月某日，他就可以告诉你，那天是礼拜几。

这是自闭症孩子的一项特殊才能，科学界称之为“孤立性技能”，指的是部分自闭症儿童可能会有异常的记忆力，或者在个人兴趣和技能方面有特别超卓的表现，如在音乐能力和记忆力方面，尤其是在机械记忆数字、路线、车牌、年代等方面。

“星星帆船队”中，还有几位也具备一定的“孤立性技能”。比如颜恩泽，一个连话都讲不好的孩子，钢琴过了十级；王笑忻的单簧管吹得很不错；熊欣的画作和手工作品，也十分出色。

但对于大多数自闭症孩子来说，他们只是正常一点的表现，就会令人欣慰，甚至欣喜。比如“星星帆船队”的叶超超，似乎和帆船有着特殊的渊源，当他得知周六可以报名参加帆船体验活动时，周五晚上主动提醒父母，让他们周六上午九点半去报名，这对普通孩子而言，是再正常不过的一个举措，却让利勇感慨半天。而如红，是在历经了三周的适应期后，才终于从陆地走到码头，走进帆船，即便如此，也足以令人雀跃欢喜。

一项研究表明，仅有 2.7% 的自闭症儿童的智商（IQ）超过 115（正常人的范围是 85 ～ 110），其余大部分在 70 以下。所以，大部分“星星的孩子”不仅不是天才，而且，因为在心理和生理方面有先天缺陷，他们无法独立生活，无法融入社会，需要父母照顾其一生。

若是父母不在了呢？

孤独落向现实，落向“星星的孩子”，在他们终其一生的孤独中，有一条路为他们开放，沿着这条路，他们走向帆船，扬帆起航，向大海而去，向着一种不一样的命运状态而去。

是海子说的吧：面朝大海，春暖花开。

07

澳角风云

晴天一声霹雳啊！我一下子热泪盈眶。几年来忐忑不安，压力非常大，怕这个怕那个，原来我是一个幸运儿。其实想想就想通了，李常委、翁部长都知道，海防部知道，公社知道，如果不是县委睁一只眼闭一只眼，早就完蛋了。所以说，我们党啊，你不要看，实事求是的党员不老少啊！

（一）

那天中午在食堂吃饭，键鹏县长[1]说，你得写写澳角。

我心里一万个不愿意，因为在写完《扬帆起航》后，我已经暗下决心，收尾吧，不写了，太累了，歇歇吧。

然后，键鹏县长说，你得写写澳角。

我想了想，在我自发选题写了几个系列之后，键鹏县长觉得我应

① 东山县县长黄键鹏。

该写写澳角，那应该就是应该吧。

澳角之前不是没有涉猎，写过“老兄弟”，写过“龙、虎、狮、象”，写过华忠书记的工作方法，写过新时代电商沈船长，那为什么键鹏县长还说“你得写写澳角”？

我想起战地摄影师罗伯特·卡帕的那句话，“如果你拍得不够好，是因为你离得不够近。”那么，就让我走近澳角吧。结果，这一接近，却让我有了一段奇异的人生体验——那一夜，窗外的大海，波涛阵阵，屋里的我，内心巨浪奔涌。

我觉得自己算得上是一个阅历比较丰富的人，但那一夜灯光昏黄，

老书记[①]眼含热泪，掰开来揉碎了，向我倾诉那些往事，我情不自禁，心潮澎湃。

“那时候，整个村庄就剩三艘灯捕船和九糟竹桁定置网，只有250个渔民可以安排出海捕鱼，其他劳力怎么办？大家买毛竹拼成竹排去钓鱼，一天十块八块，几十块也有，那时一斤大米才一毛四分四，一斤猪肉七毛六。

1975年，我代理书记不到三个月，去漳州开会，省里下文件说，资本主义在全省泛滥成灾，省里下定决心要整顿渔区，让红旗在渔区高高飘扬。怎么也想不到，澳角是排在漳州市（时龙溪地区）渔区的第一号种子，是资本主义泛滥最严重的种子。

我回来把省里文件读了后，村委7个人都傻了，140多个竹排，将

① 澳角村党支部原书记林亚民。

近300个劳力，怎么办？大家提不出任何建议。第二天，在海滩上把小竹排户叫来开会，读了文件后，大家都瘫倒了。

那天晚上，我心里非常非常难过，把竹排砍掉，300个劳力怎么办？当时我才30来岁，怎么挑起这个重担？我日思夜想，刚开始时，真的非常迷糊，后来我理出一个头绪：搞到生活没有出路，这不是党的政策，我们党的政策是实事求是，一切从实际出发，这个是最根本的，什么电影电视都是让老百姓过上好日子。

很快，县里分管渔业的李文喜[①]常委和海防部的翁瑞池部长两个人来了，他们问，你们澳角竹排问题怎么处理？其实在这之前，我已经问过工作队的沈队长，知道县里已经决定要把竹排运到陈城水库用稻草一把烧掉，所以我就不说话。这时，一位之前当过书记的老村委说，运动这么大，不砍竹排对不起过去的领导。

听到这里，我回过头说，对不起过去的领导，对得起全村老百姓吗？我不同意。

他很惊讶，嘴巴张得大大的，还有这么不知死活的人吗？”

这是一场运动，省里下了文件，县里做了部署，已经是箭在弦上不得不发的态势。这时，一个村支部书记突然跳出来说“我不同意”，行吗？

（二）

年代感，是特定时间段铭刻在人们心中的特殊印记，凝结着生活过往和拼搏经历，像时间隧道里的航标，很容易就把人们的思绪带入那个时空。志伟教授[②]看了《澳角风云》（一）后，留下一段长长的评论。

---

① 时任东山县委常委、副书记、公安局局长李文喜。

② 刘志伟，中共中央党校（国家行政学院）教授。

拜读了！1975年农村搞运动，我有深切记忆！那场运动，全国范围搞“基本路线教育运动”，所谓“基本路线”，即毛泽东1962年讲话：阶级斗争年年讲、月月讲、天天讲。1975年又高调发表张春桥、姚文元《批资产阶级法权》文章，因而在全国农村开展“狠抓阶级斗争，割资本主义尾巴”的运动，那时，我在农村，又是村委会干部

（时称“大队干部”），参与过这运动。

正是在这样的历史背景下，澳角村的竹排成为了漳州市最大的“资本主义尾巴”，省里下文要求砍掉，县里决定运到陈城水库用稻草一把烧掉，但时任澳角村代理支书林亚民却说：我不同意！

“螳臂真的可以挡车吗？”我问。老书记说，“直到现在，全村老百姓都不知道，前段时间还有人问我，当时要砍竹排，为什么没有砍”？

“为什么呢？当时我说，既然让我当这个书记，我就要对这个村庄负责。我 1964 年当兵，1969 年退伍，在部队受过多年党的教育，明白了很多道理，特别有一条就是，无数先烈跟着共产党打天下，我们革命成功就是要让老百姓过上好日子，这是立党之本，现在这样缺衣少食是不行的。

既然要砍，先回答我两个问题。第一个问题，这 300 个劳力的出路要到哪里去？李常委说，到西埔参加社会主义工地海堤建设。我说好，去一个人半担米他是够吃了，但是他父亲母亲老婆孩子怎么办，你们要考虑一下。第二个问题，一个渔民一个月大米 45 斤，当时公社安排 40 万斤，不做渔民，买粮食的钱从哪里来？县里能做到农行信用社给我们每个月每户贷款 5 块吗？

李常委没再说话，这时大概中午了，我说吃点饭再走，大家下来，就在食堂里面煮点虾干饭、青菜鱼丸。刚要吃饭，一群渔民进来了，村里的 5 号机帆船坏了，他们没了出路，已经找过我，我和银行联系过，准备在后面搞一点养殖。

他们进来一看，哎哟，你看看，他们有干饭，我们饿着肚子，大家吃，把碗拿起来就吃。当时那个场面非常尴尬，当头的那位刚好是我的小学同学，叫沈宝德。我站起来讲，沈宝德，今天来的都是县领导，是客人，作为澳角人，不可能这样做。抢客人的饭碗，这算什么？道理上怎么说也说不过去，不能这样做。你们说要搞点养殖，我

跟银行反映过了，现在上面领导来这里开会，你来抢饭碗，以后这个碗我也不一定端了，你看着办！

他看到我这样，就退出去了。

但没有几个人有心情吃饭了，只有几位战士扒拉了几口。大家就都上去了，我在那里眼泪擦个不停。我说你看看，就这么样大家就抢饭碗，以后三四百人要到我家里来，我怎么吃得开？擦了老一阵子眼泪，我也走了上去，李常委和翁部长正在商量怎么办，我说下一步怎么讨论，翁部长说，你们和工作队写一个报告上来，砍不砍再作决定。我一听就知道，台风明明要登陆，但是中心点变化了。报告送上去之后，我开心得不得了。

这场风波就这样过去了。但问题在于，即便竹排保住了，可以继续出海捕鱼，但生产安全还是让人整天揪着心，大风一来，一只竹排在海上就那么一点点，很容易出事的。”

“那怎么办？”我问。

（三）

澳角村真的是一个很有意思的存在。我们假定哈，澳角是一个姑娘，她天生丽质，因为大自然巧夺天工，通过澳角湾和乌礁湾两个海湾在这里天然地形成了一个“X”形奇观，必然是文人、墨客、驴友、网红心向往之的一个目的地，这是她的外在。

内在呢？了解她的人都知道，她个性斐然，有双重性格，水火两重天。怎么讲？大风起兮，澳角湾波涛汹涌时，乌礁湾恰好是避风港，而当乌礁湾惊涛拍岸时，澳角湾却又温柔平静。狂放与温婉，就这么对立而统一地在澳角姑娘身上结合起来，任你读千遍，也不厌倦。

多少年来，她一直兀自在这里，你念或者不念，她都在这里，不来也不去，你见或者不见，她也在这里，不悲也不喜。

直到 400 年前，一艘渔船不知从哪里漂泊而至，在一个海湾遭遇风浪，在另一个海湾躲避风险，发现这里有山有水，就留了下来，留

在了寂静而欢喜的澳角姑娘的怀里，澳角因此也住进了渔民们的心里。

400年来，来来往往走船的人们，不断有人留在这里，在这块“X”形土地上，聚集起了一个由18个姓氏共同组成的村落。大海的开阔，走船的无常，多元的构成，在这里形成了独特的豁达、包容、互助而友爱的村落文化，亚民老书记说，我们是一个多民族的“国家”。

1975年，老书记以极大的勇气和胆魄保住了近300个被定性为“资本主义尾巴”的竹排，却面临着竹排出海捕鱼随时会被风浪卷走的严峻现实，怎么办？

“当时，工作队在村里搞了个渔农结合，到海上抓鱼抓了100条是1个工分，农民去哪里挖挖沙倒倒水也是1个工分，1969年秋天，机帆船捕鱼捕了比足球场还大的那么一片沙丁鱼，渔民挑着几百担到市场去卖，还是1个工分，渔民挑担过去时，有农民抱着孩子在那里看。我和工作队挑明这个问题，这个不行的，生产关系一定要改变。”

“怎么改？怎么变？当时我就想要解放生产力，要在生产结构方面有所改变。想来想去还是拿小竹排开刀。”

这就有意思了，好不容易拼尽全力才保下来的竹排，竟然要被自己放弃了，那又何苦来？

但细琢磨还是不一样哈，这不是简单的“放弃”，而是一次深思熟虑的“扬弃”。出海打鱼把生产搞上去的生产方式并没有被放弃，要放弃的只是竹排这种安全隐患很大的生产工具，用安全系数更高的渔船来取而代之。

怎么来具体实施呢？

“那时候工作队还在驻村，我想了想，还是以村里为主来造船，但是生产工具挂靠村民，劳力不要村里组织，由村民自由组织，一条渔船 5 个人，渔民收入村里每年给一个固定数，我们把它命名为合作生产。”

我把这个方案向李常委和翁部长反映，他们也不知道行不行。带队的领导说，初生牛犊不怕虎，部长是老大，小心给你小鞋穿。部长没有，但也不敢作决定，我说搞两艘试验船行不行，反正一切从实际

出发，让群众去造造看行不行，他们没有反对。

1976年，船造出来了，机帆船不像机帆船，竹排不像竹排，人们说全国没有全省没有，唯独澳角有，但就是这个12匹马力的船，3个月赚了1000块，当时海里的水产品十分丰富，马鲛鱼、黄花鱼，一出去百十斤小意思。

3个月赚1000块，整个村庄都轰动了，不得了，大家都要干，但一艘船要投资10000块，钱从哪里来？我去找李常委和翁部长，他们没钱，怎么办？

（四）

“我去找有钱的。

澳角有这样的变化和农行分不开，我和农行的林行长是不打不成交。我当村里副书记那会，村里的两艘灯光渔船要生产，每个月至少要用10000元买柴油，必须通过银行贷款来解决。当时，澳角是全县最落后的单位，银行行长不待见，我一而再再而三去找，最后打动了行长，觉得不给我们贷款不行一样。我最崇拜老行长林泽波，他好几次语重心长地对我说，我们农业银行不是慈善机构，我们也是要赚钱的，现在国家有困难，贷款有限，社会主义是干出来的，你们不能挂羊头卖狗肉。每次都这么提醒，对我触动很大。

这一次，我又去找行长，我提了一个方案，把灯光渔船卖掉，投到12匹马力这个新的体制上来，林行长说，这个有新意，卖船的钱收回来，换成新的贷款，专门用于造12匹马力的船。

真要讨论卖船的时候，我以为一定会有一场大的风波，特别是吃大锅饭的这两艘渔船上的六七十个人会不会造反？但是当这个方案一公布，现场鸦雀无声，没有人闹事，我心里很高兴，开局良好。事实上，当时村里的情况是，丈夫要报名，妻子宁愿把陪嫁的那几钱金子（当时一钱13块）都拿出来卖掉，参与作业，这也让我痛下决心一定要卖掉灯光渔船。

村委讨论卖船的事，定好了两艘船卖到广东的海门去，9 万块，算不错，但 7 个支委没有一个人敢表态。有人说，哎呀，海门那里好厉害，连海军鱼雷快艇的那个螺旋桨都被他们锯掉了，这两艘渔船会不会有去无回？我说又不是百慕大三角，你们不去我自己去。

到了海门，我让渔民先不要上岸，听我的指令，只要我发通知，就马上把船开回福建。结果进村一问，书记是抗美援朝的老兵，我说我是当兵回来的，老兵见新兵，哎呀，没说的啦，当天就谈妥了。他还叫财务人员赶快去银行办手续，第二天，我就完完整整地把 9 万块钱带了回来。

9 万块钱作抵押，12 匹马力的船很快就造了 20 多艘出来，第二年，我们就敢转场到香港东侧的惠东县港口镇捕鱼。那时，香港还是那个渔拖，广东那里就更落后了，晚上下雨，渔民拿塑料布遮雨躲在那里，冻得脸黑手黑很可怜，我们则可以待在温暖的船舱里休息。

但说实在的，1976—1978 的三年里，我心里是忐忑不安的，李常委、翁部长不会对我怎么样，但县里怎么样，我不知道。有一次，刚好碰到县委张克瑶书记吃完饭出来散步，我躲都来不及，他叫我，林亚民，你到哪里去？我就跟他讲，渔船到广东生产，我去那里看看联系联系，他说，革命工作好好搞，不要到处乱跑。

去广东生产 3 年，整个村庄面貌都变了。从福州回来一路都没几个鱼骨天线电视，但我们整个村庄都满了。渔船回来，有的去买电视机，有的去买录音机，女孩子买十几块钱的粉红色丝绵衫穿在身上，大家都幸福满满。

1978 年 12 月 18 日至 22 日，党的十一届三中全会召开，第二年 3 月，县里召开五级扩干会，张书记在主席台上念文件，念到最后快结束了，他突然站起来说，‘澳角这个道路方向，我们县委是支持的’。

晴天一声霹雳啊！我一下子热泪盈眶。几年来忐忑不安，压力太

大，怕这个怕那个，原来我是一个幸运儿。其实想想就想通了，李常委、翁部长都知道，海防部知道，公社知道，如果不是县委睁一只眼闭一只眼，早就完蛋了。所以说，我们党啊，你不要看，实事求是的党员不老少啊！”

（五）

“改革开放后，随着新村规划投建，澳角村的面貌发生了翻天覆地的巨大变化，盖了小学，搞了一个避风港，把大帽山旧村搬了下来，又建了一座村部大楼和农贸市场，尤其是自筹资金700万元建成了前江海边抗浪的兴海大道。

这些钱从哪里来呢？上级要一点，群众集一点，村财出一点。村财部分，主要是发挥本地自然资源开发优势，避风港西堤投建时发现有鳗鱼苗，公开投标，由诏安洪州老板承包，从第一年的3.8万元涨到第三年的81万元，以及后来的日本客户到澳角湖仔山开发花岗岩，每年村财收入近300万元。

1991年，澳角就已经是东山的一张名片了，来的人特别多。原第31集团军政治部主任苗华曾说，‘我来澳角几次，一个变一个不变，村容村貌年年在变，拥军热情永远都不变’。”

“习总书记说过，如果农村都像澳角一样，领导就不用操心了。”我插了一句。

“是。2001年，当时习近平省长来澳角视察，我作汇报，最后我说，过去澳角是‘三不起’——煤油灯点不起，报纸订不起，电话费交不起。现在是‘四看’，看什么呢？看海面满港新船，看地面满村新房，看山面郁郁苍苍，看人面喜气洋洋。习省长听完，当场就夸啦，原话是：‘澳角已建成社会主义新农村，全省的农村都像你们一样，我们做领导的就不用操心啦。’”

“那次是去了一户人家哈？”

“是的，村民郭镇波家，我觉得只有真正走到村民家里，才能反映发展变化的真实情况，所以当时就和县里镇里提了这个想法，他们都同意了。”

“为什么不是您家？”

“我家怎么能行，条件不行。”

“听说您和日本人吵过架？”

“那是90年代初，日本人看中了澳角山上的花岗岩，和‘天皇一号’墓碑石是一样的材质，刚开始我们不懂，一年才收8万块钱，等到这些石头运到日本去，轰动了整个日本石材界，像这个茶几这么大的一块石头卖到了12000块人民币，以体积计算，石头的价格比电视机还值钱。

报纸报道了这件事，我看到后，和日本客商谈判，要求重新签订合同。他们用了各种手段，我讲得很清楚，‘不重新签订合同，别想再开采一块石头，还要告你掠夺中国的矿产资源’。当时，我把代理人全部叫走，只留下一位姓黄的翻译，我和他说，中国农民并不是很笨，刚开始不懂才收你8万块钱，现在这块石头的价值我已经知道了，报纸上已经报道出来了，既然有那样大的经济收入，理所当然要惠利给我们！我和翻译讲，这一句你好好给我翻译：中国农民不可能拿着金饭碗去当乞丐！

我说，你的费用我给你算算，利润大概在60%、65%，不超过70%，因为还有务工等费用，所以，你要35%给我们。日本客商公开说，你要多少钱？他提出一个方案，叫我不要吭声，一立方米石头给我2000块钱，存在日本的卡里面。我说我不是那样的人。那时一年的开采量大概500立方米，1立方米2000块，一年大概100万元。”

“您不爱钱哈？”

“不是不爱钱，要取之有道啊。”

我想起澳角诗人许海钦和我说：“他（林亚民）任职书记近30年，把青春和精力都贡献给了澳角，没有他打下的基础，不能有今天的全国文明村，他的廉洁风范深深打动了我。”

老书记住在澳角湾一侧的海边，那天晚上，我们在客厅聊，大海就在窗外，波涛阵阵，我坐在屋里，听老书记讲那些过去的故事，内心同样巨浪奔涌。澳角风云变幻，如历史之镜，照出了人性之美、信仰之美、奋进之美，是崇高的、苦难的，更是辉煌的。

08

刚刚好

在这个渔村里，年轻的时候，你愿意带着爸妈过来；有了孩子，你愿意带着孩子过来；再后来，你还愿意带着小孙子来转转，住上几天。其实你也讲不出，这个小渔村究竟哪里是优秀的，但就是有一种淡淡的感觉吸引着你，一切都刚刚好。

这个渔村，叫澳角。

（一）

有一天，你偶尔看到，在中国的东南沿海，有一个渔村，这个渔村的南北方向，各有一个月牙形的天然海湾：澳角湾和乌礁湾，这个渔村，坐落在两个海湾的接壤处，构成了“X”湾的奇特景象。这个渔村里，有一个灯塔，为大海的相遇指引着方向，是东海和南海，它们在这个渔村的不远处，相融相汇。而在这个渔村的外面，一望无际的海面上，有一个“海上动物园”，千百年来，龙、虎、狮、象雄踞于此，护佑着这个渔村，以及在这里生息的人们。

你觉得很神奇，也很好奇，于是背起行囊，坐上飞机，或者动车，来到这个渔村。

你订好了村里的一家酒店，入住后，发现这家酒店虽然不是五星级，或许介于四星和五星之间，但是房间很舒服，服务员的服务也不是过度服务，感觉刚刚好。

安顿下来，你想去村里先走走。出门，发现酒店旁边有一家酒吧。

这是一个西部牛仔风的酒吧，一点都不闹。你花 12 块钱点了一杯啤酒，静静地坐在角落里，就那么坐着，没有人打扰你，你呷一口啤酒，发呆，很轻松很放松地发呆。窗外，不时有声音传来，那是附近的小戏台，正在上演一出潮剧，穿越千年的潮风海韵，咿咿呀呀中带给人一抹惊艳，感觉刚刚好。

如果你觉得不够热闹，也没有关系，可以去旁边的酒吧一条街，光怪陆离的灯光，表演花式调酒的调酒师，强劲的音乐舞曲，喧闹的舞池，一群喝得半醉、彼此默契的陌生人，你可以放肆摇摆，释放压力，感觉刚刚好。

第二天早起，你去海边看日出，在咸湿的海风中，看太阳冉冉升起，把周围染得红红的，然后喷薄而出，发出万丈光芒，其中一缕阳光，穿过清晨的薄雾，暖暖地包裹着你，新的一天，开始了。

你回到酒店旁，走进一间小小的咖啡店，推门进去，一个戴眼镜的大眼睛男生正在冲着你微笑，你发现，他的咖啡做得还可以，你在这里吃了一个简单而可口的早餐，感觉刚刚好。

然后，你来到码头，买了一张邮轮票，出海看“龙、虎、狮、象”，在渺茫的大海里，你先看到了一头巨大的象，盘踞在海中，然后，雄狮、巨龙、猛虎相继出场，这样的视觉体验震撼人心，导游又告诉你，这是观音菩萨制服了它们，让它们在这里守卫这个渔村，你觉得在这样的情境中，这个故事给人的感觉，刚刚好。

回到村庄，你在酒店隔壁的牛肉面馆，吃一碗台湾的牛肉面，回到酒店午休，感觉刚刚好。

下午，你想去看灯塔，日落前开始爬山，一直爬到山顶，灯塔就在那里，千百年来就在那里，经受住了风雨海浪的侵袭，有了自己的传奇故事，更成为一道靓丽的风景。夕阳满天，你坐在灯塔下看大海，看夕阳西沉，大海共晚霞的一色，看渔船归来，船帆点点的海港，感觉刚刚好。

晚上，你想去吃一顿海鲜大餐，没问题，讨海是这个渔村最传统的生存方式，海鲜是最新鲜的，价格是统一的价格，不会因为你是游客就来坑你，而且，烹饪得还不错，感觉刚刚好。

这个渔村，年轻的时候，你愿意带着爸妈过来；有了孩子，你愿意带着孩子过来，再后来，你还愿意带着小孙子来转转，住上几天。其实你也讲不出，这个小渔村究竟哪里是优秀的，但就是有一种淡淡的感觉吸引着你，一切都刚刚好。

这个渔村，叫澳角。

（二）

陶斋，茶具馆。

松峰在院子里折了两枝竹，插在南宋磁州窑的一个小梅瓶里，阳光从天窗斜射进来，竹叶青青，绿意盎然，茶壶里煮着水，汩汩汩汩响，水汽氤氲，弥

漫在微微颤动的光线里，我们坐下来，孟臣壶、若琛杯、武夷茶，喝茶和聊天，假装不知道，时光，正在我们身边，蹑手蹑脚地，一点点悄悄溜走。

戴眼镜的大眼睛男生叫许玉冰，是东山海源水产品公司的总经理，新创立了一个叫“大厝”的海鲜品牌，但聊天的兴致最高处，不是“海源”，不是“大厝”，而是“刚刚好”，他说，我希望将来的澳角，就是你某个阶段出来度假刚刚好的状态。

他说，旅游是我的兴趣，一讲到它，我就很激动，很有信心，比大厝有激情，比大厝更有信心。因为那个我比较擅长，是下了功夫去学习的，不断去探索旅游酒店的经营，包括土建成本、装修成本、引流方案资源，外面酒吧怎么引进来，我们怎么做，包括服务怎么做，包括餐饮。因为我愿意，可能我会跪着擦地，但我很喜欢那种服务，我觉得应该这样摆，我觉得服务应该是这样，感觉刚刚好。我很在乎你是陕西来的，北京来的，或者是新疆来的，我希望你能爱上我这里，我就很喜欢这样。

“澳角最好的旅游资源是龙、虎、狮、象。”我说。

“对，应该有一家企业来匹配酒店、餐饮这些基础的东西。”

“你没有想过去匹配龙、虎、狮、象？”

“我在深圳那三年，专门做商业策划，专门做业态分析。这个业态我想过，但澳角这块蛋糕要全村来吃，不能说只能你自己。我把自己定位在擅长做的东西上，我有团队，可以做酒店、酒吧、按摩理疗、餐饮、戏台、潮剧、庙会。我希望县里能够把澳角打造成一个大的旅游群体来规划，我想成立一家第三方咨询公司，免费做第三方规划、服务、咨询。我想做一个澳角民宿联盟，民宿要统一规范，消防没法做到十全十美，但基本的消防要有，物价一定要统一，不能坑别人，对岛内和外面的人价格要统一。我想做全村 WiFi 覆盖，我现在都知道全村 WiFi 覆盖和中国电信合作一年需要多少钱，只要你进了一个房间，WiFi 就是覆盖的，所有民宿都可以参与进来，根据使用量来出钱，2000 元、3000 元，都可以，这是一种营销方式，因为只要有免费流量，谁都想直播和拍摄。

酒店的运营我很自信，我会做餐饮，做偏广式闽菜结合早午茶，我会开一家自己的咖啡店和一家自营酒吧，包括海水疗足浴，我会做地方性的婚庆，做到连东山岛的老百姓都愿意到我那里，酒吧一条街由丽江和成都的人来做，两年不收租金，他们是一个圈子的，可以炒作起来。

你到澳角来，夏天看海，冬天看波涛汹涌，玩沙滩也有，看龙、

虎、狮、象可以有很安全的保障。进到酒店来，房间很舒服，不住酒店，有不同层次的民宿选择。你在这边吃饭会觉得这儿的饭怎么这么好吃，要便宜的有牛肉面，简单的有炒饭，要贵的也有海鲜大餐，可以去旁边的小咖啡店喝杯咖啡，放心我做，肯定没问题，我可以把控品质，你可以到村里，到菜市场转转，感受渔村的这些东西。”

“醒醒哈，差不多可以了。”

“不，应该说再过几年这个情境就是真的了。”

“大厝怎么办？海源呢？”

（三）

“‘大厝’，是我自己推出的一个海鲜品牌，我希望将来有一天，不管你是在北京或者在哪里，当你想到说我想吃最好的澳龙、最好的黄金鲍、最好的三文鱼、最好的大螃蟹，你只能想到大厝海鲜——澳角的‘大厝’海鲜。而且，这个品牌是顶级的，就像奢侈品一样，你拿到大厝就会觉得很珍惜，可以自己吃，也可以买来送人，但不管送人还是自己吃都觉得是好东西。”

“海鲜品牌？概念很新鲜哈。”

“是，海鲜不好卖，这是一个全国性的痛点。目前国内的海鲜品牌很少见，阳澄湖大闸蟹算一个，我希望把大厝海鲜做成一个响当当的

品牌。”

“凭什么？”

“我们有几个独特的优势：一是海源的资质在同行业里，排在全国前面；二是我们可以把握供应链，只要做产品，就摆脱不了供应链，掌握了供应链，一定立于不败之地；三是我有团队，创始团队一定要知道自己的品牌跟自己的感情桥梁在哪里，我们经常做头脑风暴，不断去寻找我们自己信不信它，如果连我们的团队都只是营销而不信它，没有从感情和精神上去理解它，这件事就很难成功。”

“为什么是‘大厝’？”

“小时候村里有靠出海打鱼的人家，房子很大，我很向往，所以，希望‘起大厝，赚大钱’，但这个‘大钱’，一定是勤劳致富的‘大钱’。一直以来，我都很喜欢工匠精神，不喜欢跟风，其实只要做好自己手头所拥有的资源和平台的东西，风口可能就在你身上。”

“风口在你身上吗？”

“任何一家公司做品牌，都不是一蹴而就，所有东西都要做好沉淀，而且甚至有可能失败，但是已经走上这条路，你就不能犹豫，甚至需要盲目的相信。我们已经做好战略规划，2020 年 11 月开始运营，目前在战术层面，正在不断拓展业务，一部分合作、一部分直播、一部分团购，用各种手段和工具，不知道哪一个会成功，但新品牌创建，要有资金和团队给时间去试错，现在是摸索的过程，没有办法讲会怎样，最大的自信是相信我的团队可以。”

“计划摸索多久？”

“品牌建设，至少 10 年，但盈利不行，必须在 3 年之内。”

“有没有想过可能会走不下去？”

“在轻松的环境下设想苦难其实是很难的，而且，没有处在苦难当中的设想也都是可以无限的。但是我还是敢于自信地给予一个基本的答复，我之所以对‘大厝’那么自信，是因为我有设想过，一个人最大的勇气不在于遇到困难能不能打败它，而是你做好了这个准备。”

“我很爱看武侠，超级喜欢江湖，梦想着穿越，梦想着能回到江湖。我最喜欢中国的两个时期，一个是春秋战国，一个是民国。这两个时期注定是悲哀的，这两个时代都有战争，但我热爱这两个时期，因为迸发出各种思想。有时候看五四运动我会自我反思，他们为什么义无反顾？我会不会怕？不断抠自己的内心，但我会被他们点燃，我想我一定要为这些东西而奋斗。”

（四）

“你的自信，难道不是因为有海源？”

“是，我很幸运。这个世界不缺聪明的人，比你厉害的人多了，但缺资源和平台，所以，我不断告诉自己，如果不是我爸给了我‘海源’这个摊子，给了我一个展示、锻炼和成长的空间，就没有现在的我。有时候我也想，我还年轻，难道就不能矫情一下吗？但你就是没有矫情的资本，做好了理所应当，做不好不应该，所以，我不断告诫自己，很多少年得志的人都走不远，一定要学会自我批判，自我打压。”

“除了这个摊子，你爸还给了你什么？”

“底线，做人的基本底线。比如，不管再困难，对家里人无论如何要帮忙；邻里邻居朋友，凡事先退一步；无论人家做得多过分，要站在别人角度去理解；做生意不要什么钱都想挣，留一点余地；违法的事情不要去做。

但我爸所有传给我的东西都不能离开我妈，我妈妈是桥梁，如果没有我妈，我不一定能传承到这些东西。我比较像妈妈，我的智商更多遗传我妈，我妈在我们家公认智商最高、最聪明。”

“中国式教育？”

“是。小时候，我爸是我的榜样，我特别希望他有一句肯定的话，但是从来没有。上大学时，我在同学中的形象很坚强、很强大，但我看一部美国电影看到自己哭。电影里，爸爸是杀猪的，他对儿子说，读书不好没关系，帮老爸杀猪卖猪肉就好。儿子毕业时，参加橄榄球比赛，他老爸在场上大声喊：This is my son!（这是我的儿子！）This is my son! 那时候我就想，什么时候我老爸也能这样！可是我回来经营很多年，我老爸不断在我叔叔伯伯那边夸我的时候，我已经不激动了。但我分析我自己，是自己有问题，是我自己叛逆，没有让大人喜欢的形象状态。

我小时候有点孤僻，不言语，怕生。小时候我也算是‘神童’，五六（虚）岁就会心算，很多大人来问我算术题，问完瞬间给出答案。五岁时，我爸带我去喝豆浆，老板说：听说阿冰很会算数，今天问一道题，答出来，豆浆不用钱。他说：1+2+3…+9 等于多少？我当时没有回答，回家马上就跟我爸说出了答案（45）。现在，我没有了‘神童’的天赋，却不再孤僻，我和我爸的感情从我回来以后越来越好，我很在乎他的身体，会亲自带他去检查身体，家人很重要。”

“我看过你爸为澳角写的长诗《澳角的海》，用情感和文字镌刻了一个村庄的历史，印象很深刻。”

“是。我爸喜欢豪放派，有家国情怀，我喜欢婉约派，喜欢柳永的词：寒蝉凄切，对长亭晚，骤雨初歇。都门帐饮无绪，留恋处，兰舟催发。执手相看泪眼，竟无语凝噎。”

“居然能背下来？！问题是，你有‘海源’，有‘大厝’，怎么去‘刚刚好’？”

“我现在已经没有退路，团队跟着你奋斗到现在，他们有更大的愿望去实现，我一定要帮他们架构出这个东西。但我喜欢开一家咖啡厅，不是请人去做，而是我自己去做，给别人服务，当一个服务员，我想做，也正在着手做。”

忽然想起狂放与温婉兼具的澳角姑娘，或许，在这块“X”形的土地上，对立与统一的矛盾存在，刚刚好。

09 县城算不算城市

我很想知道答案，但如果不知道也没关系，因为就是个知识点而已，但林晖必须知道，因为他是分管卫生的副县长，如果下属来请示“铜陵镇算不算城市”时，他必须给出明确的答复，而在这个语境下，这个答复不只是个答复，而是十分具体的工作指示，牵扯到成千上万人的日常。所以，他会脱口问出这个问题，而且必须在很短的时间内，顶多一个晚上搞清楚这个问题。

（一）

2021 年 1 月 31 日，国务院联防联控机制举行新闻发布会，发布的内容“六个不”迅速成为朋友圈刷屏爆款，为什么呢？

因为太解渴了。近日来，民众苦“层层加码”久矣，核酸检测也好，居家隔离也罢，到村里都成了独一无二的“滚”，这个“梗”体现了段子手的创作和表现能力，但更加体现了老百姓“我们不是‘返乡’，是‘回家’”心声背后的现实苦楚。

因此，当国务院联防联控机制以新闻发布会的形式向全社会表态：“层层加码”和“一刀切”既是一种懒政，也是对宝贵防疫资源的浪费”时，那真的是大快人心啊！

具体到我自己，由于在外省挂职，最近这段时间，“要不要回家过年”就像是“薛定谔的猫”，处于一种“回去就回去了，回不去就没回去”的叠加态。而昨天的新闻发布会，对于解除这种叠加态具有积极作用，所以我特别关注。主要关注与自己相关的前三个“不”，尤其是“不对低风险地区跨省流动到城市的非重点人群进行核酸检测”这一条。

但是，重点来了哈！

讲真，我看到这一条时，对于“城市”是有想象的，什么想象呢？“帝都”的繁华、“魔都”的奇幻啊！但是，很有意思的是，林晖[①]不这么想，他怎么想呢？他突然问了个问题：“县城算不算城市呢？”

一时大家都懵了！“县城算不算城市呢？”进而推之，“区”算不算呢？“街道”应该算哈，但“北京”难道就是城市了吗？远郊区的农村，不是比农村还农村吗？“城市”的边界究竟在哪里？

① 东山县副县长林晖。

我很想知道答案，但如果不知道也没关系，因为就是个知识点而已，但林晖必须知道，因为他是分管卫生的副县长，如果下属来请示“铜陵镇算不算城市”时，他必须给出明确的答复，而在这个语境下，这个答复不只是个答复，而是十分具体的工作指示，牵扯到成千上万人的日常。所以，他会脱口问出这个问题，而且必须在很短的时间内，顶多一个晚上搞清楚这个问题。

我很感慨，我们这些所谓的知识分子，研究一个问题往往周期很长，比如社科基金课题，一年内完成完不成还可申请延期，但副县长看来不行。

（二）

县城算不算城市呢？

字不多，事不小，一石激起千层浪。

有人认为不算。

一位乡镇副书记捂脸说："县城应该不算城市吧。"一位县委副书记则说："我理解县城是基层，不是城市。铜陵镇是镇，更不是城市。"

看出来了，多一事不如少一事。

有人认为算，表达的方式不太一样。

有人顾名思义："县城"就是城。有人说：有"县城"一说。 有人溯源追流：县城算城市，乡镇村算农村。还有一个简单方法看户口，看是城市户口还是农村户口？比如广东顺德区有些乡镇，之前是农村，现在村改了就变成了城市。进而批判现实：以上是法律概念，但在实际操作上，每个村按不同要求划分那会累死人的，只能按物理空间划分，这就导致了层层加码。

中国疾控中心（CDC）的专业人士则肯定地说，从我们既往的分析习惯，县城算城镇。

有人不下结论，只提供论据。比如：有城镇户口的就算是住在城市了。再比如：有常驻城市人口的地方就是城市呗。

住建部也算专业，但这位的回答最不着边际：县城一般指县政府所在地的城关镇。镇和乡同级，但是镇指非农业地区，乡指农业地区。然而，镇又分镇域和镇区。概念上讲镇区算城市建设用地，镇域多数还是村庄。不过这都是纸上谈兵，且不说中国的大多数镇政府边上就是村庄，就算是边界划分清晰的镇区，一般憋口气的时间就从"城市"走进"农村"了。

"好绕"！我看着这个坏笑表情回了俩字，回复倒也充满同理心：所以国家说不搞"一刀切"绝对正确，基层干部为了防疫加码也有正当性。越到基层防疫细节越难搞清楚。

有人另辟蹊径，说，县级市是城市，非县级市则不是。主要看城乡分类代码，如果都是 121 就属于非县级市。城乡代码可以上国家统计局查询。

这让我脑补了一个场景：一群人围在一起，七嘴八舌地问，“我是不是城市人”？一位戴眼镜的工作人员手忙脚乱地说：“不好意思，等我去国家统计局网上查一下哈”。

“中关村算村吗？”有人问。

“你觉得呢？”我反问。

“现在地方把握政策真是因人而异，愁人。”原来，问题的背后不是答案，而是情绪宣泄。

而想宣泄的不止这一位：层层加码，不能完全怪基层，被群众骂，总好过丢“乌纱帽”，毕竟“一把手”负责制。疫情防控，“一把手”的责任厘清，追责的范围要明确，权责要对等。

有人说：县城，比农村更像城市，比城市更像农村。我笑着揶揄道：这么文艺怎么搞政治呢？是啊，作为管理者，抒情恐怕不行，还是得有尺度。

有人设问以表达观点：城市的居住形态是不是以社区为主？哈哈，幸好来挂职，基层情况我还是了解的，所以我很自信地回复：我们东山县铜陵镇的下属单位都叫社区啊！

有人觉得我这个话题“好玩”，以“凡是目的性太强的问题，都不好回答”为由拒绝提供答案。有人也觉得“有意思”，但更有意思的是，文章激起了一些同人的同病相怜，一位在陇南挂职副市长的朋友说：“一感慨就是好文章。我发愁能不能回京时，咋就想不起‘薛定谔的猫’呢？太精辟了！”

同事由此提出了新问题：根据国家卫健委的界定，返乡指的是“返回农村地区”。那么，县城、镇算不算农村呢？还有，去不属于家乡的农村地区，是不是就不算“返回”，就不受该政策限制？

“县城算不算城市？”还没讨论出个所以然，这又来了个新的命题“县城算不算农村？”这不得让人疯了吗？！

唉……你说说，地方治理怎么那么多问题呢！

（三）

县城算不算城市呢？

讨论的热度不减，朋友们还在给出各种答案，我却无心再参与，吃完晚饭，在食堂等林晖。

林晖迟迟不来。

新一轮春节防疫工作启动后，这位分管卫生的、全县最年轻的副县长，像个小陀螺似的不停地转，每顿饭都是最后一个到食堂，以残羹剩饭充饥，好几个周末没回漳州的家了，去年春节没有回去过节，好在爱人带着孩子过来陪他一起，今年估计也回不去，但孩子却不肯来了，毕竟是单身公寓，哪里比得上舒适的家？说来也是，前些日子和一位地方官员聊起，也是同样的情形，去年老婆孩子都来陪他值守，今年，孩子说什么都不来了。

是啊，县城算不算城市？林晖说“算”或者“不算”都牵扯到成千上万人的日常，但无论县城算不算城市，他的日常，却只能是案牍劳形。

六点半过后，林晖终于来了。

“‘六个不’出台后，县里的防疫政策有什么变化？”

“目前还没变化！”他接着说，“就算县城是城市，假如有的人户口在县城，长期居住在农村，怎么管？假如有的人白天在农村，晚上在县城，又怎么管？不好落实啊！”

“六个不”以全心全意为人民服务为宗旨，但以“城市”“乡村”“省域”等静态的物理空间为政策制定依据，这对于病毒这个特殊的管理对象，对于当今这个流动的社会，尤其是“春运”这场全球最大的“迁徙”来说，却未必适应。

具体到地方政府，一是不敢松懈。松懈就容易出问题，而一旦出了问题，就会追究领导者的责任。二是不能松懈。松懈就容易出问题，而一旦出了问题，武汉和石家庄的教训就会卷土重来。三是不会松懈。大原则比较好说，但管理是具体的，是需要管理工具的，以“不得随意禁止外地群众返乡过年”这个“不”来说，怎么落实呢？如果说“不得禁止”，那就是放开喽，对新冠肺炎疫情防控而言，这就乱套了！那么，怎么界定“随意”呢？

早上起来刷朋友圈，看到在凌晨 1 点 39 时，石家庄市宇骏市长发了一条朋友圈：河北省调整相关区域疫情风险，自 2021 年 2 月 1 日起，将石家庄新乐市全域调整为中风险地区。转发时宇骏市长只写了一句话：曙光和希望！防疫不能忘！

为什么不能忘？临危受命，救民于水火，夙夜在公，挽狂澜于既倒，怎能相忘？即便是那一卷青史，又如何相忘？

那么，面对这个既是“黑天鹅”也是“灰犀牛”的新冠肺炎疫情，换一个人，在平行时空里，把从上到下所有的角色都体验一遍，然后带着所有的记忆来拿出一个完美的解决方案，有谁愿意一试呢？

至于我自己，“薛定谔的猫”的叠加态估计是要坍塌了，不过，在东山，有一缕阳光、几许友情，先生则说，最近我在学做蛋糕，回来做给你吃。

也行。

10 苏峰山

蓝色的网红桥沿着漂亮的海岸线而建，像一条蓝色的飘带，漂在大海之上，飘在苏峰山的半山腰，人们开着车在桥上飞驰，左手是高耸入云的山峰，右手是一望无际的大海，像是在海上冲浪，又有一种冲上云霄的快感。

（一）

“山”字，早期的象形字体是三座峰峦相接的形状，是中国人用“远取诸物”之法创造的一个原始而典型的象形字，其本义是指地面上由土石构成的隆起的部分。一直以来，我也都是这样认为的，直到后来，看到海边的山。

第一次是在崂山，沿着海边驱车驰骋，眼前忽然出现一座高耸的山峰，哪里是在“地面上”，分明是在“海面上”，“山”与“海”无缝衔接，因海的蔚蓝，山也更加俊秀，那一刻，我惊叹不已。

那年在南通，他们说去爬狼山吧，我兴冲冲就去了，结果一到那儿就傻眼了，这座所谓的名山，海拔不过 109 米，这个……也能叫“山”？但转念一想，刘禹锡不是说“山不在高，有仙则名”吗，作为

长江由江入海的第一山，即使不算雄壮，称之为“名山”，应该也不为过。但更加令人称奇的，不是海拔高度，而是地理位置，站在狼山之巅，南边是浩荡江流，北边是无垠平川，东边是烟波大海，没有云遮雾障，却是一片开阔，另类壮观，难怪狼山上广教寺庙门两侧写有对联：“长啸一声山鸣谷应，举头四顾海阔天空”。

而苏峰山带给我的感受，除了“举头四顾海阔天空”之外，更加不同。

苏峰山是东山岛的主峰，“东山”之名就是因为苏峰山也被称为“东山”而来，这也是为什么雪萍和松峰一直固执地要求我一定要写苏峰山的原因，他们坚持认为，写东山不写苏峰山这个制高点，那一定是有缺憾的。

那好吧。

先说说高度。苏峰山。是东山岛外八景之一，人称“苏柱擎天”，但要说起来，这座山的海拔只有 274.3 米，在北方人的眼里，着实算不上巍峨高耸，但因为是在海里，山峰显得格外突兀，给人带来的就是“一柱擎天”的视觉效果。

事实上，第一次听到“苏峰山”这个名字时，我的脑海中确实是闪过一个问号的，这个“苏”是什么“苏”？当时我以为是因为我刚刚从眉山的“三公祠”回来，是自己一厢情愿的联想，但后来他们告诉我，这个“苏”，果真就是“苏东坡”的“苏”。虽然苏东坡根本就没来过东山，但他的“苏”依然被东山冠以山名，究其原因，还是其成就之大、人气之高所致。《东山县志》载：“昔江夏侯以此山不减西蜀峨嵋山，故名苏峰山。”

这应该是明朝那些事儿，江夏侯周德兴在这里设立铜山所，顺便走走周边的名山大川，登上此山时，审美体验不是“会当凌绝顶，一览众山小”，而是“此山不减西蜀峨嵋山”，于是，他的个体感受将东山岛上的这座山与“苏东坡”这个毫不相干的元素永久地联系在了一

為什麼來東山
文公祠
渔人码头
南门湾
关帝庙
风动石

起，“苏峰山”从此声名远播，黄道周故居的匾额，就以“苏峰拱秀”为题。

（二）

苏峰山对于东山岛的意义，一定不只是“名”，而是更具体的“实”。

从一个成语说起吧——来龙去脉，我们现在用这个词语，意思是指一件事情的前因后果，但回到该成语的本意，指的是山脉的走势与去向，再深究一下，会发现该成语其实来自堪舆学的一个重要概念“龙脉”。

北京的“龙脉”，就是那条正在申遗的著名的“中轴线”，据说是忽必烈根据通过北京城的子午线划定的。梁思成对这条中轴线赞誉不已，说“一根长达八千米，全世界最长，也最伟大的南北中轴线穿过全城。北京独有的壮美秩序就由这条中轴的建立而产生；前后起伏、左右对称的体形或空间的分配都是以这中轴线为依据的；气魄之雄伟就在这个南北引伸、一贯到底的规模”。

不和“大北京”比哈，孤悬海外的东山岛有没有“龙脉”呢？还是有的。传说东山岛地脉是条龙，西东走向，最后宿于岵嵝山。当年（1387 年，明洪武二十年），江夏侯周德兴来闽布防设所，督造铜山所城时，就是相中了这块龙穴宝地。最早的铜山所城，环山而起，三面环海，设置四门，城区基本上就是如今顶街的那一小片范围。

稍加留意，就会看出顶街一带的民居有一个特点，朝向不是传统中国建筑讲究的坐北朝南，而是坐西北朝东南，为什么呢？

因为苏峰山。

朝东南向，隔海相望就是苏峰山，也因此，黄道周故居的匾额以“苏峰拱秀”为题。事实上，顶街那一带，几乎家家户户的匾额都是“苏峰拱秀”。一方面，说明自己家面对的是挺拔秀丽的苏峰山，景色优美；另一方面，或许更想表达的，是美好的愿望与寓意，是好山好

水所滋养的兴旺吉祥。

这一点，可以从顶街被称为“进士街”得到印证，顶街长不足千米，居民不足千户，却被民间称为“进士街”。据史料记载，明清科举史上铜山先后出了 17 名进士、80 名举人、86 名贡生、800 名秀才，顶街就占了九成以上，如果要归因的话，风水好，恐怕是大多数人解释这一现象的原因吧。

如今，在岵嵝山山脊上的文公祠西侧，有一块长 10 余米、宽约 4 米、高 1.8 米的笔架石，三个小石峰呈“山”字形，正对远处的苏峰主峰，这在风水学上相当于笔架山和文笔峰，都是利科甲、旺文才的寓意。

不过，说到文运，东山人津津乐道的，还是巡海道蔡潮“天开文运”的故事。

江夏侯周德兴建铜山古城后 100 多年的时间里，虽然铜山的人口和经济都有了长足的发展，但始终教育不兴，文运不开，从来没有人

能考中进士。，明嘉靖五年（1526年），蔡潮巡海铜山，他深谙风水学，认为铜山是块宝地，但“东木不锐”，便在东门屿上建文峰塔；认为铜山文运不兴，便兴建南溟书院和东壁书院（后改崇文书院）。从此，铜山人文蔚起，20多年后，便在百年间接连出现进士。

《庄子》云：“南溟者，天池也”，在书院凭栏远眺，正是“铜山十八景”之“文公座上看天池”，南门湾海滨风光尽收眼底，再往远处看，云雾之间，苏峰山朦胧绰约，如梦似幻。

（三）

节日的苏峰山，热闹从山下的最美公路开始。自从环岛公路开通，蓝色网红桥建成以来，苏峰山的人气更旺了，人们络绎不绝前来“打卡”。蓝色网红桥沿着漂亮的海岸线而建，像一条蓝色的飘带，漂在大海之上，飘在苏峰山的半山腰，人们开着车在桥上飞驰，左手是高耸入云的山峰，右手是一望无际的大海，像是在海上冲浪，又有一种冲上云霄的快感。

当游人沉浸在蓝色网红桥的美景之中时，我们去爬山，全林[①]脱口而出，苏峰山下好避难，说的是南宋灭亡之后，帝王官宦在长达3年的时间里一路南逃，其中宋末三帝之一赵昺在此建行宫避难的故事。民国三十一年（1942年）陈振藻《东山县志·卷一地理志·山川》记载：“川陵山，一名苍陵山，又称为苏峰，与揭榜山相接。俗传宋帝昺南渡时，将都南澳，

① 樟塘镇党委副书记林全林。

筑此为东京，后地塌陷为海，今城堞尚存”，俗称“沉东京，浮南澳”。

“沉东京，浮南澳”，是在浙、闽、粤民间广泛流传着的“沉东京，浮××”之说的一个代表，在不可逆的历史进程中，这种说法本质上是民间的一种“白头宫女在，闲坐说玄宗”的情绪，表达了对逝去王朝的追忆和对历史人物的惋惜。但恰恰是那些如梦如烟的往事，那些岁月深处的凄凉，为今日的苏峰山增添了厚重的历史底蕴，也为后人重游此地增添了一种不能抵达的审美意象和意难平的感伤心绪。

我们从苏峰寺出发，据说这里就是当年南宋末帝赵昺的行宫所在。而今，苏峰寺有一个独一无二的存在，主殿前台阶下，留有一座完整的平民之坟，据说是拆迁遇到阻力时住持的意见，不过就是神魔共生，人鬼共处。

爬至半山腰，已是豁然开朗，层峦叠翠的群峰之下，是浩瀚无垠的蔚蓝大海，保留很完整的渔家古村落岩雅村就在眼前，那是一个清幽静谧的隐世天堂，也是一个积淀了丰富的繁衍生息轨迹的活化石，无声地传递着东山岛上人类开枝散叶的信息。

东山有40%以上的人都姓“林”，岩雅村就是一个林姓村，是从梧龙村开枝散叶过来的。这一支“林”姓来自诏安林厝村。明朝时期，一位砖仔妈带着儿子刚正来到东山，在梧龙村落脚，刚正生了三个儿子大兴、大荣和大成，后来，儿子刚正回了诏安，砖仔妈带着三个孙子留在了东山。其中，老大大兴开出了樟塘镇港西村，老二大荣开出了前楼镇岱南村，老三大成留在了西埔镇梧龙村，继承父亲家业。

之后，港西“林”开枝散叶，开出了樟塘镇下湖村、前马村和后马村；岱南“林”在岱南开枝散叶，有广东一脉但已无联系；梧龙“林”最繁茂，开出了广东澄海南砂、冬古、岩雅、白埕等村，岩雅村，是梧龙村的第八世开出来的一个村庄。

广东澄海南砂这一支“林”姓的来历很有意思。话说梧龙“林”老三大成生了三个儿子，二儿子留在村里，大儿子带着三儿子去广东打长工。其间，三儿子生了一场大病，大儿子眼看救不过来，就独自一人回来和父母说，老三在外面病死了，家里人不得不接受这个悲惨的事情。谁知过了些时日，老三居然回来了，父母勃然大怒，认为这个老大太不像话，把他赶出了家门。之后，老大流落到广东澄海南砂并在此开枝散叶，开出了 4 万多“林”姓后裔。

在对几百年错综复杂的生命遗传信息的探讨中，我们爬到了山顶，遇到了雪萍说她爬了不下 20 次苏峰山也没有遇到的美景，夕阳正美，大海辽阔雄浑，冉冉雾霭升起，慢悠悠飘过视线，如同仙境。

不由感慨，此山不减西蜀峨嵋山也。

11

一个庐

王维用疏朗淡泊的山水诗歌返璞归真，获得了心灵的自由，阳明先生把王维作为城隍爷供奉了起来，希望他那自由的精神，能够守护物质的城池。

（一）

写完《苏峰山》，我有一种被掏空的感觉，从篇数看，正好也凑了个“88”篇，于是，以“Happy Ending”的姿态，我把书稿交给了编辑，然后，如释重负。

但“感受”这个东西，很多时候是“水满自溢”的，尤其是去了一趟平和之后，再写点什么的内在感受越来越强烈。那么，再写点什么呢？

“一个庐”吧。

大概只有这里，才可以承载我想要表达的东西。那么，我想要表达什么呢？还得从平和之行说起。

为什么要去平和？

因为平和是王阳明在剿匪之后奏设的三个县之一，其他两个，分别是广东和平县和江西崇义县。

而与阳明先生，似乎是冥冥之中的缘分，总是在不同的地方与他相遇。最早是在复习考研时，材料里有一句话给我留下了深刻的印象——“你未看此花时，此花与汝同归于寂；你来看此花时，则此花颜色一时明白起来。”但那个时候还不知道，这句话出自阳明先生的《传

习录》。

后来在余姚，参观了他的故居，对“无善无恶心之体，有善有恶意之动，知善知恶是良知，为善去恶是格物”四句阳明心学要诀感慨颇深；在赣州，走过了他叱咤风云的战场和他奏设的崇义县，对先生立德、立言、立功的“真三不朽”肃然起敬；在修文，游历了他“龙场悟道”的“玩易窝”和“阳明洞”[①]，对先生“心即理”“知行合一”“致良知”的心学体系有了更深刻的体会；甚至在柳州，听说了“食在广州，死在柳州”的柳州棺材千里迢迢只为装殓先生的故事；尤其是那次和李进[②]聊天，不知怎么就说到了先生的临终遗言“此心光明，亦复何言”，那一刻，似有一道光，照到了心灵深处，“亦复何言”？

阳明先生当初建县时，是从“四庙一府”开始的，“一府”是县衙门，“四庙”，即文庙、武庙、城隍庙和文昌祠。平和二中的朱大良老师在平和城隍庙的门口为我们介绍。他讲道，如今在平和，保留最完整的与阳明先生相关的遗迹就是城隍庙了，“文化大革命”期间这里是茶叶厂，所以没有被毁坏。平和城隍庙在全国县级城隍庙中是比较大的，因为当时朝廷同意了阳明先生提出的“县级府治”上疏请求。所以，今天的平和城隍庙，面积比别的县大，建筑的精良程度也比其他的县高一些。

一进一进地参观，发现朱老师说得没错，这个县级城隍庙确实保留完整、规模颇大、建筑精美、陈设精良，但走到判官这里时，朱老师说，我们这里的城隍爷和别的地方不一样，别的地方供奉的都是武官，我们供奉的是一个文官。

---

① “玩易窝”和“阳明洞”都是阳明先生贬谪龙场后曾经居住过的溶洞，但“龙场悟道”究竟发生在哪一个溶洞里，目前学术界还没有定论，“玩易窝”和“阳明洞”两种观点皆有。

② 李进，中共中央党校（国家行政学院）应急管理培训中心办公室主任。

哦？谁呢？

带着大大的问号，我们来到了最后一殿，发现这里供奉的居然是王维！朱老师说，我们平和城隍庙是全国唯一一个以唐朝山水诗人王维为城隍爷的城隍庙。

这太没想到了！中国的城隍信仰在历代帝王的推崇下遍及全国各地，几乎每个县城都有一两座建筑雄伟堂皇的城隍庙，城隍爷，是中国文化中普遍崇祀的重要神祇之一，通常由有功于地方民众的名臣英雄充当。

为什么阳明先生要把王维作为城隍爷供奉起来呢？

城隍爷，是守护城池之神，用什么来守护一座物质的城？在阳明

先生看来，是精神。什么精神呢？他选择了王维。

王维是“诗佛”。他有一首诗《辛夷坞》：木末芙蓉花，山中发红萼。涧户寂无人，纷纷开且落。读来是不是有“你未看此花时，此花与汝同归于寂”的味道？

（二）

那么，所有的这一切，和“一个庐”有什么关系呢？

世间好语书说尽，天下名山僧占多。自古以来，名山大川都是出世之人的隐居修行之处，是凡夫俗子所仰望和追寻的精神高地。但如今，现代建筑设计师们，却来到高山之上，走进森林深处，用“拥抱自然”的建筑设计理念，打造出一个个恬静惬意的建筑空间，那么，这些匠心独具的居所，究竟要满足人们怎样的需求？

“一个庐”，是一个野奢帐篷营地，背靠蝶岛海拔最高的苏峰山，直面浩瀚无边的东南海，白鸟展翅般的帐篷，是这里的客房。在这里，每一顶帐篷都像是一件艺术品，各抱地势，彼此私密，藏在山坳中，嵌入森林里，让“一个庐”在建筑美学上呈现出一种“自然生长”的特征，无论在空间，还是在时间上，都和周边的山石及树木保持着一种连贯性。

我们不妨通过王维的诗，来感受一下这些山水之间别具一格的居所，能够带给人什么样的体验?

空山新雨后，

天气晚来秋。

明月松间照，

清泉石上流。

《三体》的最后，刘慈欣让云天明给程心创造了一个小宇宙，这是个近乎完美的世界，程心和关一帆在这里云淡风轻地生活着。而打造一个理想的世界，又何尝不是人类的梦想?所以，在欧洲的山上，我们看到了一个个漂亮的城堡，在中国的江南，我们看到了一座座秀美的园林，建造者极尽所能，穷其所思，就是希望为自己建造一个完美的小世界。

“一个庐”，就是这样一个低调、内敛而又不失奢华的小世界，有人说，“一个庐”把东山岛最美的风景尽收眼底。

“一个庐”，如苏东坡所说：“味摩诘之诗，诗中有画，观摩诘之画，画中有诗”，像《山居秋暝》，是一幅自然而灵动的画。

白鸟展翅般的帐篷，奠定了整个营地“轻盈”的诗意美学基础。“一个庐”的生活，正是海德格尔所说的“诗意地栖居”，是一种“轻盈的诗学”，一种“轻盈、悬浮、静谧而诱人的感觉”。

独坐幽篁里，
弹琴复长啸。
深林人不知，
明月来相照。

王维说，我用了半辈子，才读懂自己的一生。而这一生，不管是怎样的一生，最终必须平静地接受痛苦和局限，学会自己和自己相处，自己与自己和解。所以，在《竹里馆》，诗人以安于清冷的孤独，写出了一种寂静无为的意境，没有生的喜悦，也没有死的悲哀，既不赞美开放，也不感伤凋零，清幽绝俗，永恒不朽。

“一个庐”，离凡尘最远，离心灵最近。在这里，你可以摆脱时间束缚，朝看海上日出，夜观渔船灯火，尽情享受这清幽绝俗的孤独。你可以躺在柔软的沙滩或坐在宽敞的露台，用一朵飘移的白云计算时间，也可以躲进房间，在帐篷的穹顶之下，待阳光和浪声从 360° 环绕的落地玻璃窗一起涌入，待灵与肉，独享一个开阔、恬静而又轻盈的世界。

（三）

中岁颇好道，晚家南山陲。
兴来每独往，胜事空自知。
行到水穷处，坐看云起时。
偶然值林叟，谈笑无还期。

陶渊明的“静寄东轩，春醪独抚”是一种孤独之美，《终南别业》中的“兴来每独往”是另一种孤独之美。美在何处呢？“胜事空自知”。

怎样的“自知”？

那次“香道·品香会”，在“一个庐”的咖啡馆里，香炉袅袅，众人围桌，在制香师优雅的表演中，闻香，品香，轻烟缕缕，香气沁鼻。论感受，宋代陈深在《西江月·制香》中已说尽：银叶初温火缓，金猊静袅烟微。此时清赏只心知。难向人前举似。

难向人前举似，去看云起时。看蓝天白云和一望无际的大海，听忽远忽近的鸟鸣和忽高忽低的涛声，在山与海的怀抱中，体会那一瞬，时间停滞，身体消失，嵌进这个轻盈的世界，融入这个悬浮的空间。

若是“偶然值林叟”，“胜事”亦“自知”。陌生的地方陌生的人，相视一笑，娓娓而谈，你说你的欢乐，我说我的悲伤，挥手一别，后会无期，让倾诉与倾诉彼此安慰，孤独与孤独擦肩而过。

轻舟南垞去，
北垞淼难即。
隔浦望人家，
遥遥不相识。

舟行南垞，见北垞三五人家，掩映于波光林霭间，一水盈盈，可望而不可即。是执着于彼岸，逆流而上，还是克制欲望，接纳“中止”，停在水中央？

夏日夜深未睡，轻轻推门出来，露台光线幽暗而朦胧，整个世界静谧而安宁。无声息地坐下，无垠的海面波光粼粼，是洒满的月光；一颗流星划过，是繁星抛弃银河，坠落大海；远处的海平面渔火闪烁，是不归的夜航人；鸡心屿轮廓分明，清晰可见，剪影般地屹立在海中央，看起来唾手可及。

凝伫大海，涟漪一般荡漾开来的是感喟，银河之上是什么？大海之外是什么？那唾手可及的鸡心屿，果真唾手可得？

星辰浩瀚，大海苍茫，“中止”意味深长。在《大学》里，是“知止而后有定，定而后能静，静而后能安，安而后能虑，虑而后能得”。在黄晓丹的《一席》演讲中，是反向的力量——关于抵达的文学中，最深刻的部分是不抵达。关于复仇的文学中，最深刻的部分是放弃复仇。关于科幻的电影中，最深刻的部分是反思科技。

觉察并克制欲望，决断并留白未知，懂得“中止”，需要更大的智慧。于是，这一晚，山中若有眠，枕的是皓月，披的是繁星。

我问志敏[①]，为什么叫“一个庐”？

他说，Igloo是爱斯基摩人的圆顶御寒雪屋，利用暖空气不下逸的原理保持室温，度过寒冬。

这不正是自然吗？在《哲学家的玫瑰园》这里，人们说，是“自然欢庆自然，自然征服自然，自然统治自然”。

王维用疏朗淡泊的山水诗歌返璞归真，获得了心灵的自由；阳明先生把王维作为城隍爷供奉了起来，希望他那自由的精神，能够守护物质的城池。

① “一个庐”野奢帐篷营地总经理蔡志敏。

12

走马溪之役

473 年前，在东山湾走马溪，明政府军大败佛郎机夷舰，取得走马溪大捷，将葡萄牙海上力量彻底清除出闽浙。但这样一次貌似大获全胜的战役，结果却令人大跌眼镜。一是作战指挥官朱纨不仅没能庆功领赏，反而被皇帝勒令调查，饮鸩自尽；二是百姓不仅没有拍手称快，反而聚集海滩，痛心疾首。为什么？

（一）

东山湾，碧波万顷，海风习习。

极目远眺，渔帆片片，巨轮往来，一派和谐安宁的盛世景象。

抚今追昔，472年前（1549年，明嘉靖二十八年），就在这片海面上，曾经炮声不断、厮杀不绝，明朝军队大败佛郎机夷舰，取得走马溪大捷，这一战，加上之前在宁波双屿的胜利，葡萄牙海上力量被彻底清除出闽浙。

关于这次战役，历史上是这样记录的：一开始是明朝军队设下埋伏，水师隐藏在突入海中的一个岬石后面。在岸上布置一些携带武器的人，做出要袭击船只、跟葡萄牙人打仗的样子。因为葡萄牙人的船只靠近陆地，用这种方式来激怒葡萄牙人，把他们引诱到岸上进行交锋。留下来看守船只的葡萄牙人被明朝士兵惹怒，他们本来应该怀疑有埋伏，但情急之下却没有留意，其中一些人冲出去跟岸上的明朝士兵交战。葡萄牙人的船只没有了防卫，暴露给明朝水师，明朝水师见对方中计，以迅雷不及掩耳之势进袭两艘船，消灭了船上的葡萄牙人，占领了葡萄牙船只，岸上的葡萄牙人成了瓮中之鳖。

战争胜利后，指挥官朱纨向嘉靖皇帝汇报的战果是：将夷王船2只、哨船1只、喇叭船4只围住，生擒佛郎机国王3名，生擒番贼共120名、番贼妇29口，斩获番贼首级33颗，通计擒斩达239名。

但这样一次貌似大获全胜的战役之后，却有两个故事情节非常令人玩味。

一是这次作战的指挥官朱纨，时任浙江巡抚，掌管闽浙一带的海防军事要务，在严格执行中央指示取得战争胜利后，却被皇帝勒令调查，最终饮鸩自尽。

二是当地的老百姓，不仅没有拍手称快，而且在战斗结束后，数万人聚集海滩，痛心疾首哀悼。

为什么地方主官对中央政府言听计从却为自己带来杀身之祸？为什么老百姓在官军获胜之后出现了和人们的一般想象中完全不一样的反应？

走马溪之役，看似一场军事歼灭战，却折射出了治理理念、政策取向、社会需求、人心向背等一系列政府治理深层次问题。

凝视大海，思接千载，心游万仞——如果当时的皇帝采纳的不是海禁政策，我眼前的这片海域上应该不会有什么走马溪之役发生，倘如此，今天的我们，又会是怎样的呢？

历史虽然不容假设，但回望总还是必要的，所以，不妨把目光投向历史深处，看看在那个时代，从皇帝到官员，从政府到民间，从内务到外交，从政治、经济、军事、商业到文化，究竟是怎样的一种交织，从而在一个特定的历史时空呈现出一种特定的历史景象，进而深远地影响了在这里生存的人们的命运。

（二）

作为土生土长的北方人，在我的意识中，海洋离自己特别特别的远，在南方吧，江南？再远一些，岭南？这大概也是大多数中国人的共同认知。所以，在三亚，人们在海边的石头上刻了四个大字——天涯海角，在人们看来，这里，就是“世界”的边缘了。

长大的过程中，总是不断接触到一组对立存在的概念——“黄色文明”与“蓝色文明”。比如20世纪80年代，国内思想界非常著名的“蓝色文明”与“黄色文明”议题之争。这场论争的核心观点认为，中国人的民族性，是以黄河以及黄土高原为象征的农耕思维，是保守、野蛮、落后的“黄土文明”，没有西方式“海洋文明”的开拓精神。

再比如，读冯友兰先生的《中国哲学史》，先生认为，西方文明属于海洋文明，海洋文明如同灵动的水，其流动性和多变性让西方显得生机勃勃，富有活力和创新精神；中国文明则属于大陆文明，如同长寿的“仁者”，是一座沉稳的大山，尊重传统，但也易因循守旧，固步自封。

事实上，这些年来，我也去了多个城市的海边，北方的青岛、威海、大连、葫芦岛，海南的三亚、万宁、文昌，以及深圳、宁波、泉州、厦门、北海等，但每次都是以游客的状态进入，吹着咸湿的海风，在沙滩走一走，并没有什么特别的感受。

直到来到东山，生活在这个美丽的海岛上，与这里的现实生活广泛接触，与这里的厚重历史深入对话，我才发现，这么多年来，自己的认知完全是错误的！

中国，拥有18000多千米的大陆海岸线，有约300万平方千米的管辖海域，500平方米以上岛屿有6500多个。

这意味着什么呢？意味着中国的文化并不只是“黄土文化”，东方文明也不只是“农耕文明”，而是“黄色文明”与“蓝色文明”共存，中国人，是真正的龙的传人。

约公元前5000年，史前的河姆渡文化遗址中就有先人航海的遗迹；

公元前2000年左右的殷商文化遗存中，有马来半岛的海贝、象牙、鲸鱼骨等；

春秋战国时期吴国与齐国之间爆发的海战，比西方海权史中著名的古希腊与波斯的萨拉米斯海战早若干年；

秦汉时期形成的“海上丝绸之路”，西至印度、斯里兰卡，东到朝鲜、日本，为东西方的文化交流作出了卓越贡献；

唐、宋时期，泉州、广州、宁波等港口远洋商船云集，贸易商人富甲一方，为唐、宋王朝贡献了巨额赋税；

明初的郑和下西洋，60多条军舰、300条商船，27000多人的庞大船队一路西行，这样的航海规模即使在今天也令人咋舌，比西方地理大发现早了近半个世纪。①

也正因为这样，才会发生走马溪战役，才会有导致指挥官朱纨饮鸩自杀的“海禁派”和“驰禁派”之争，也才会出现战争胜利后数万百姓不仅不欢欣鼓舞，反而齐聚海滩哀悼的怪异现象。

那究竟是怎么回事呢？

（三）

这一切，还得从统治者的治理理念说起。

先秦时期，周朝国祚近800年，其治国思想和治理理念是“礼制”，这是一种彬彬有礼、以礼相待、礼尚往来的政治文明，以至于到了春秋年间，孔子还是念念不忘——“郁郁乎文哉，吾存周”“克

① 参见林宏宇：《中国海洋战略困境：历史、现实与未来》，《人民论坛·学术前沿》2012年第7期。

己复礼”“梦周公”，都是孔子对周朝治理方式的呼唤，希望能够恢复周朝的礼制。但在当时的“国家图书馆馆长”老子看来，礼制的时代已经结束了，回到那个年代的现实土壤已经不存在了。所以在出函谷关之前，他写下了 5000 多字字字珠玑的《道德经》，希望以“无为之道”来实现政府治理。到了大秦王朝，秦王朝在诸子百家中选择了法家，法家的治国思想和严刑峻法的治理方式，最终导致“奋六世余烈”建立起的大秦帝国 15 年间顷刻瓦解。再到大汉王朝，汉武帝“罢黜百家、独尊儒术”，使得以“仁”为核心的儒家思想成为官方之学，也成为有汉一代甚至之后两千多年，中国更新迭代的大多数封建王朝政府的治理理念。

不难看出，统治者选择不同的治理理念，随之而来的政治制度、政策导向和治理结果会有根本性不同。而纵观上下五千多年中华文明史，海洋，曾带给中国人财富和荣耀，但也带给中国人灾难和屈辱，中国人对海洋的感情，可谓爱恨交加。

中国虽是一个海陆交汇的大国，既有大陆性也有海洋性，但由于华夏文明起源于黄河流域，历代中原王朝从黄河流域向外扩张都是陆地扩张，在这个过程中，一个总的特征就是代表强大陆权的北方统一了南方，少有代表海权的南方北上一统中国的情况出现。而在西方列强到来之前，王朝面临的威胁也都是来自陆地而不是海洋。所以长期以来，陆权在中国一直占据重要地位，历朝历代国防安全的重点都在陆地，修筑长城而不是建设海军来应付外敌，就是这一历史的客

观反映。

但是，在以陆权主导为整体特色的历史进程中，不同王朝对待海洋的态度还是有着鲜明的区别。明清之前的统治者，基本上能够以开明开放的姿态拥抱海洋，但从明朝开始，虽然也有“隆庆开关”等局部开放时期，但总体上明清两代对海洋的治理理念是限制性的，具体政策体现为“海禁”，也就是我们常说的闭关锁国。

而恰恰在这一时期，西方世界借助海洋开始迅速崛起。以东印度公司为代表的国家的经济军事复合体，以海洋为舞台，以“商舰”（武装的商船）为载体，海外贸易扩张到哪里，海军就到哪里，保障了全球贸易，完成了资本原始积累，控制了原料和消费市场，占据了大量殖民地，东西方力量对比迅速逆转。

这一现象，也被称为“明朝陷阱”，即在国家还没有真正崛起之前就开始衰落，从而使中国失去了成为海洋国家的机遇。更糟心的是，闭关锁国 300 年，最后还是在海洋方向被借海洋之利兴起的西方列强打开国门，开启了近代令国人异常悲愤的耻辱史。

走马溪战役，指挥官自杀，老百姓哀恸，不过是明朝“海禁”政策的一种扭曲反映。

（四）

那么，为什么地方主官对中央政府言听计从却为自己带来杀身之祸？为什么老百姓在官军获胜之后出现了和人们的一般想象中完全不

一样的反应呢？

这就要说到“提督之死”了。

“提督”即朱纨，时任浙江巡抚，掌管闽、浙两省军务。其时，在嘉靖二十年（1541 年）后，海禁愈严，甚至连沿海捕捞鱼虾、贩运米谷也在禁止之列。朱纨于嘉靖二十六年（1547 年）走马上任，他严格按照嘉靖皇帝的“抗倭”指示，实施严厉的海禁政策，推行了两条整顿海防的重要举措：革渡船和严保甲。从整顿效果来看，应该说是非常之好，在他的厉行整顿之下，大陆与海上的联系被彻底切断，闽浙沿海的倭寇受到了严厉打击，失去了生存空间。而朱纨自己，也因此成为历史上赫赫有名的“抗倭名将”。

这不挺好吗？有什么问题吗？

表面看起来，厉行海禁达到了明王朝平靖海疆的目的，但事实上，事情远远没有那么简单。

宋元以来数百年间，海上贸易已经成为东南沿海居民最重要的求生之路，即便是明朝政府实行严厉的海禁政策，东南沿海居民还是保持着区域文化的惯性，冒着倭寇和走私骂名，继续进行着海洋贸易。尤其是明正德年间，发现新航路的葡萄牙人的到来，使闽浙两省的海上贸易更加繁荣，巨大的利润，吸引着闽浙两省的人们，甚至不靠海的徽商也趋之若鹜，走上与政府对立的亦商亦盗之路。

所以，当朱纨开始抗击倭寇时发现，所谓的“倭寇”已不再是明朝初年的那种日本海盗了。除了极少数被中国人雇来武装押运的日本浪人外，绝大多数的“倭寇”都是闽浙沿海靠海外贸易求生的中国人，如大明王朝刑部主事唐枢所言：“寇与商同是人，市通则寇转而为商，市禁则商转而为寇，始之禁禁商，后之禁禁寇。”[1] 看清真相的朱纨不由叹曰：

① 陈子铭：《漳州传》，新星出版社 2019 年版，第 176 页。

“臣看得闽中衣食父母尽在此中，一时奸尻切齿，稍迟必贻后悔。”[①]

但这并没有影响到朱纨的“抗倭”工作，他依然不折不扣地执行着中央政府的指令，对沿海的走私集团和海盗进行了严厉打击。先是集合闽浙两省之兵，攻陷了中外海商占据的双屿港，并且“聚椿桩采石，填塞双屿港”，使远东最大、最繁荣的“国际自由贸易中心”毁于一旦。一年之后，当海商渐渐将活动中心转移至福建，朱纨又在东山湾发起走马溪之役。走马溪之役确实将葡萄牙人赶出了闽、浙沿海一带，但同时也沉重打击了中国海商，使海上贸易活动遭受重大挫折。

这就是为什么在战役结束后，当地的老百姓不仅没有拍手称快，而是数万人聚集海滩痛心疾首哀悼的根本原因，他们的财路甚至生路都被切断了。斗米生民也就罢了，不过欲哭而无泪，但那些与海商有联系的闽浙世家大姓却是可以通天的，他们伙同在朝的闽浙官员纷纷上疏弹劾朱纨，最终抓住走马溪一役中被朱纨俘获的大小酒商集团成员 96 人被全部斩首一事，使明世宗认定其“擅权滥杀”，下令逮捕朱纨进京审讯。朱纨闻讯叹曰：“纵天子不欲我死，闽浙人必杀我。吾死，自决之，不须人也。”遂慷慨饮鸩，年 57 岁。[②]

这恰恰是历史的吊诡之处。作为下级的提督朱纨，必然要听从上级皇帝的指令，但听从的结果却毁掉了百姓生计，进而招致必欲除之而后快的仇恨，以致搭上了自己的性命。

如若是你，又该如何呢？

而这一切的根源，始自明太祖的“寸板不许下海”的海禁政策。问题来了，“禁”，是“提督之死”，是“百姓哀恸”，是“明朝陷阱”，如若“不禁”，又会怎样呢？

---

① 廖大珂：《朱纨事件与东亚海上贸易体系的形成》，《文史哲》2009 年第 2 期。

② 陈子铭：《漳州传》，新星出版社 2019 年版，第 161 页。

（五）

明朝之前的政府基本是不禁的。先秦时期，南越国就开始了海上交往，秦朝造船工业得到发展，在此基础上，汉武帝灭南越借海路拓宽海贸规模，“海上丝绸之路”蔚然兴起。

盛唐时代，陆上丝绸之路、海上丝绸之路、茶马古道，三条商路都很繁荣，直到唐中叶“安史之乱”后，路上丝绸之路无以为继，中国的经济文化重心向东南沿海转移，催生了唐朝对外贸易的三大港口：扬州、福州、广州。据史书记载，几万胡商生活在广州港，琳琅满目的舶来品通过商船从波斯湾向中国涌进——飞禽走兽、毛皮羽毛、香料药物、金属宝石、贵重木材和宗教器物、书籍等，成就了一个盛大王朝的华美表象。

宋朝时的“开洋裕国”，与其说是主动的政策导向，不如说是受周边游牧民族侵扰的一种被动选择。北宋时期，通往西域的河西走廊被西夏占领，陆上丝绸之路彻底被切断。宋太祖开宝四年（971 年）于广州设置市舶司；元祐二年（1087 年）朝廷在泉州等地设立市舶司；崇宁元年（1102 年）七月，宋徽宗诏令在杭州设置市舶司。为缉盗而设的军事机构巡检司后来兼具了招引客商的职能，派兵船护送保障进入管辖海域的商船安全。《宋会要辑稿》记载，朝廷派内侍到海外招徕

贡市贸易，希望能招来更多的海外番商与宋朝开展贸易。每年番舶回航时，朝廷还会斥巨资（三千贯银）举办盛大的欢送宴会，番汉纲首（船长）、船员相聚一堂，饮酒作乐，气氛十分友好。欧阳修在《有美堂记》提道：“闽商海贾，风帆浪舶，出入于江涛浩渺、烟云杳霭之间，可谓盛矣。”

南宋政权更是偏居东南一隅，海洋贸易成为对外交流和财政增收的不二之选。宋高宗，这位被人们讥为“任凭父兄在苦寒之地受辱，母亲沦为娼妓，5个女儿被金人掳去，发妻及众多妃嫔沦为性奴，罔顾百姓涂炭，重用佞臣秦桧，陷害忠良岳飞，自己却锦衣玉食，美人环侧，高枕无忧”的皇帝，对海洋的认知却颇为开明。他说，“市舶之利最厚，若措置得当，所得动以百万计，岂不胜取之于民，朕所以留意于此，庶几可以少宽民力”。高宗治下，开放了海岸线上从胶州湾到福州、泉州、漳州、广州湾，再到琼州海峡的港口，允许番商自由航行。绍兴年间，一个叫蒲阿里的阿拉伯商人娶了右武大夫曾芧的妹妹，定居广州过起安逸的生活。高宗皇帝知道后，竟然命令地方政府劝他回去继续做生意，并希望他招揽更多的番商。皇帝对海洋贸易的重视成就了“年造海船四百条，南洋竞逐千帆过”的繁华景象。据记载，南宋时期的海关税收占国家财政总收入的20%以上。

元朝时期，外部环境由于蒙古帝国横扫欧亚大陆，从中国到多瑙河畅通无阻，沿线形成了数量庞大的国际物资集散地，推动洲际物流不断向前。元朝政府内部又十分重视海洋经济，忽必烈汗诰谕海外诸国：“诚能来朝，朕将礼之。其往来互市，各从所欲。”元朝社会分蒙古人、色目人、汉人、南人四个等级，禁止北人南下定居，却允许商人南下贸易，南方商人北上也受到鼓励。元帝国保持了东洋航线、南海航线、西亚航线等数条海外贸易航线，延续了宋朝的市舶制度，除先后设置7个市舶司外，还整合组建新的海上贸易机构——行泉府司，管理15000艘海船及诸多海上驿站。元朝近一百年时间里，使节、商人、传教士、梦想家陆陆续续沿水陆通道前往东方，使元朝的对外贸易和海洋文明发展呈现出一个高峰期。[①]

（六）

故纸堆里寻海疆，
海禁是非费思量。
千古兴亡东南事，
拾来俱为黎民伤！
——读王教授东山岛寻古之文即感

志伟教授在《走马溪之役》（五）后赋诗留言，颇为应景。

说到“千古兴亡”，“禁”还是“不禁”，确实与王朝的兴亡相关，比如大明王朝的灭亡，人们通常理解是由于李自成领导的农民起义，或认为由于吴三桂引清军入关，但若从经济学的角度做一番观察，就会发现其兴亡与“海禁”密切相关。

记得很清楚，《白银资本》这本书是在读博期间，李彬教授来做讲座的时候推荐的。作者弗兰克认为，欧洲中心的时间来得很晚，在1400—1800年长达几个世纪的时段，是一个围绕亚洲、以中国为中心的单一世界体系格局，欧洲长期处于这一体系的边缘。当时的国际贸易中，全球最大的经济体中国永远保持顺差，而美洲、日本、非洲和欧洲四个地区长期保持贸易逆差。对此，美洲和日本用白银来弥补，非洲则靠出口奴隶和黄金来解决这个问题，唯独欧洲，既没有资源也没有办法，只能长期处于贸易赤字。

作为世界依附理论的代表人物，弗兰克一如既往地对西方中心论进行了批判，其中有些观点不免偏激，如“从来没有过什么‘闭关自

① 本节海洋贸易的历史沿革参见陈子铭：《漳州传》，新星出版社2019年版，第83页。

守’的东方”，但从“全世界的银流奔向中国”的历史事实来看，如果把跨越明清两代的“1400—1800年”时期称之为“闭关锁国”，似乎并不能讲得下去。换句话说，如果真的是“闭关锁国”，“全世界的银流”怎么可能“奔向中国”呢？

那又是怎么回事呢？

“闭关锁国”总体上是成立的，始自朱元璋的海禁政策，可以理解为这一时期的统治者总体而言对海洋持有一种被动而保守的态度和政策取向。如果非要钻牛角尖，从绝对意义上讲“闭关锁国”就是“关闭了”“锁住了”，与外界再无任何交流，既不符合逻辑，也不符合事实。从几个世纪的发展历程来看，既有“片甲不得下海”的全面海禁时期，也有“隆庆开关”的短暂开放时期，有官方主导的“国贸”，有民间主导的“民贸”，当然，还有铤而走险的“走私贸易”，不一而足。

但即便是在“闭关锁国”的总体态势下，这一时期依然形成了一个围绕中国的世界经济体系，这恰恰是令人唏嘘之处——如若那个时候，中国的海洋政策是积极而开放的，历史的

轨迹又会是什么样的呢？

书归正传，回到白银资本，看看其与明朝兴亡之间的究竟关系。

（七）

明朝初年，朱元璋下令发行大明宝钞，并规定不得使用金银作为货币，违者论罪，宝钞也不能与任何贵金属互兑。但由于没有充足储备金，国家信用严重不足，宝钞滥发无度，大幅贬值，最糟糕时不值面值的3%，很快就失去了货币作用，白银逐渐作为货币在民间流通。

1566年底，嘉靖皇帝驾崩，朱载垕（明穆宗）继帝位，1567年，史称隆庆元年。这一年，隆庆皇帝宣布解除被嘉靖帝“严厉化”的禁海，“易私贩为公贩”[①]（私贩指走私商，公贩指合法商人），民间海外贸易获得合法地位，彻底解决了嘉靖帝后期东南沿海倭患严重的问题，东南沿海各地的民间海外贸易进入一个新时期，史称“隆庆开关”。不久，在月港立县（海澄县，位于福

① 隆庆元年（1567年），福建巡抚涂泽民上书曰：“请开市舶，易私贩为公贩”。

建漳州），随之开放月港口岸。当时，明朝只有两个口岸对外开放，一个是内向型口岸广州，只允许外国商人到明朝贸易，另一个是外向型口岸月港，只允许商人出海贸易。解除海禁的同时也解除了银禁，自此，白银成为国家法定货币，在银本位制度下，白银以合法的方式走进了人们的社会经济生活。

不难看出，“隆庆开关”只是在政策和制度上做了局部和有限度的调整，却带来了一个“丝银对流”的海洋时代。《东西洋考》载：“隆庆初，仅月港一地，所贸金钱，岁无虑数十万，公私并赖。”大型商船载着丝绸、瓷器、茶叶、铁器等从月港奔涌而出，巨大的贸易顺差引致世界两股巨大的银流，即美洲白银和日本白银，大量流入明朝。

1598 年，从美洲运到当时的世界贸易中心马尼拉的白银 100 万西元[①]，1602 年为 200 万西元，1604 年为 250 万西元，1620 年高达 300 万西元，它们中的大部分被运往明朝，月港则是白银流入中国的主要通道。1598 年 6 月 24 日，马尼拉大主教萨贝扎在给国王的报告中提道：“每年从新西班牙载来 100 万西元银币，却违背陛下的旨意，全部转入中国异教徒手中。”

1542 年，日本在今天的兵库县发现生野银山。接下来，石见、左渡的银山、金山相继被发现，大量供应国际市场。在日本海外贸易最鼎盛的 10 年（1615—1625）里，从日本运出的白银有 13 万 ~ 16 万公斤，相当于当时除日本外世界白银总产量的 30% ~ 40%。据统计，从 1567 年到 1644 年这段时间，海外流入明朝的白银总数大约为 3 亿 3 千万两，相当于当时全世界生产的白银总量的 1/3。

白银的大量流入为大明帝国积累了巨大的财富，也为张居正推行改革奠定了经济基础。1581 年，张居正下令在全国实行“一条鞭法”。

① 西班牙人征服阿兹特克帝国后，在里科山发现了人类历史上最丰富的银矿。1571 年，波多西银矿投入使用，波多西城成了西半球最大的城市。1581—1600 年，波多西银矿年产量高达 254 吨，占世界白银产量的 60%。

“一条鞭法”打破了3000年来的实物田赋制度，国家税赋包括百姓田赋以白银征收，人们也可以以白银购买的方式履行对国家承担的徭役和其他杂役义务。

经济与白银挂钩，但诚如有学者指出的，“中国向来是一个产银不多的国家。自近代与欧洲各国通商以来，银的供给，大部分依赖外国的来源；本国产量，殊不重要[①]”。缺乏主权货币，帝国大厦建立在外国白银基础之上，譬无源之水，立见其涸。

1634—1636年，西班牙决定限制拉丁美洲白银流向菲律宾，使得明朝白银流入骤然减少，导致市场物价暴涨，恰逢小冰河期，经济危机与肆虐全球的自然危机相伴而生，饥民暴动，加之外敌入侵，庞大的帝国大厦不堪其重，轰然倒塌。[②]

（八）

1549年，在东山湾走马溪，明朝水师大败佛郎机夷舰，取得走马溪大捷，将葡萄牙海上力量彻底清除出闽浙。但这样一次貌似大获全胜的战役，结果却令人大跌眼镜。一是作战指挥官朱纨不仅没能庆功领赏，反而被皇帝勒令调查，饮鸩自尽；二是百姓不仅没有拍手称快，反而聚集海滩，痛心疾首。

结果反常，原因倒是很简单，取决于最高决策者——皇帝所持的治理理念。如朱元璋坚持“片甲不许下海”的闭关理念，又或者“隆庆开关”的局部开放理念，不同的治理理念，带来的结果截然不同。

“隆庆开关”带来的是一个“丝银对流”的时代，成就了明王朝的

① 梁方仲：《明代银矿考》，载《梁方仲经济史论文集》，中华书局1989年版，第90页。另据记载，明朝的银矿开采热从建文帝时代就已经开始，到永乐、正德年间达到高峰，每年达22万两，接下来迅速回落，每年不过数万两，到嘉靖四十五年（1566年），每年平均不过4万两。

② 陈子铭：《漳州传》，新星出版社2019年版，第200页。

“白银帝国”，虽然表面看起来白银断流导致通货膨胀是明朝灭亡的一个原因，但并不能因此反推出应该“海禁”的结论，因为开放的理念之下可以选择的经济政策工具还是有很多。值得怀疑的是，张居正在推出改革前是否研究过白银资本的问题？

“片甲不许下海”，一方面，以抗倭之名打击了正常的海上贸易，切断了沿海百姓的生路，导致即便官军获胜也得不到群众拥护；另一方面，中央政策的执行者，无论是军方还是行政方面的负责人都陷入左右为难的困境。有朋友留言提到一个十分形象的说法“二老论”：一是老板，一是老百姓。同时要满足“二老”的要求，需要政治智慧。更有直爽的朋友单刀直入：“禁则唯上，不禁则顺民。你不好意思说而已。”

问题在于，自古以来，皇帝们都会时刻把“不负苍生”挂在嘴上，也就是说，“上”和“民”本来应该是统一的两个方面，但“走马溪之役”告诉我们，如果推行了不符合民意甚至倒行逆施的方针政策，就会把统一的双方推向对立，成为冲突双方，甚至成为各种悲剧的起源。

“得海洋者兴，失海洋者衰。”早在明朝时期，7 次下西洋的郑和就认识到这一点，他说：“欲国家富强，不可置海洋于不顾，财富取之海洋，危险亦来自海上……一旦他国之君夺得南洋，华夏危矣。”既然如此，明清两代的皇帝们为什么选择海禁政策呢？是不是像很多人所说，以天朝自居，傲慢到了不稀罕和“洋鬼子们”打交道呢？这样的说法不能说完全没有道理，但似乎也并不全面。

以朱元璋为例，下令片甲不许下海，后人各种揣测。有人说是防御倭寇。关于这一点，历史学家已经证明，所谓的“倭寇”，其实更多是海上走私的中国贸易商人，如此，该说法就很难站得住脚。有人说是当年一起造反的张士诚、方国珍两支武装力量逃到海外，害怕他们卷土重来，所以索性封锁了沿海；有人说是因为发现宰相胡惟庸通倭，所以禁海防止里应外合；还有人说是阻止民间利用海洋贸易的巨额利润形成新的大地主和大商人集团，对帝位形成挑战。不难看出，在开放还是封闭的问题上，在朱元璋皇帝的着眼点里，并没有沿海群众的生存需要，基本上都在于自己的政权安全。在他看来，只要打下江山，普天之下就莫非王土，他可以任意处置。

新锐历史学家尤瓦尔·赫拉利在《人类简史》中写道，大规模的人类合作是以虚构的故事作为基础，只要改变所讲的故事，就能改变人类合作的方式。所谓政党、国家、神等，都只是人类想象出来的概念，是虚构的故事，之所以存在，是因为人们相信。只要在对的情境之下，这些故事就能迅速改变。如 1789 年，法国人几乎是在一夕之间，相信的故事就从“天赋君权”转变成“人民做主”。

朱元璋持有的“皇权意识”就是一个“虚构的故事”，在很长的历史时期里为人们深信不疑，但在现代人看来却荒诞不经。大明也好，大清也好，不过是在这片国土上执政的一个政府，对于生活在这片土地上的人们来说，热爱国家不需要任何理由，但是不是认可或者热爱这个政府，还是要看其施政纲领和政策措施是否令人满意。

所幸的是，“走马溪之役”只是历史长河中的一朵小小浪花，即便是曾经不可一世的皇帝和那些最为鼎盛的封建王朝，也早已成为历史记忆。

13 木杨城

总之，虽然各时各地加入洪门的仪式不尽相同，但有一点基本原则是不变的，那就是必须经由『木杨城』，才能成为洪门人，可以说，『木杨城』是天地会的圣城，是所有天地会成员的精神皈依之处，所以说，和『木杨城』相比，天地会究竟是在哪个具体地点成立起来的，真的不是那么重要。

（一）

看我对历史文化饶有兴致，兆民[①]说：“找时间我带你去一个地方走走。”

“哪里？”

“牧羊城。”

牧羊城？“日出嵩山坳，晨钟惊飞鸟，林间小溪水潺潺，坡上青青草，野果香，山花俏，狗儿跳，羊儿跑，举起鞭儿轻轻摇，小曲满山飘，满山飘……”

东山岛上莫非还有这样的地方？想起那次在食堂吃饭，有一道菜是鱼肉炖羊肉，我一脸没见过的样子，政协炜丹主席[②]说，“鱼”“羊”才“鲜”啊！是哈，高晓松不就把他的书命名为《鱼羊野史》吗，想表达的不过就是“鲜活的野史”之意。问题是，“牧羊城”的存在，难不成是为了这道“鲜”味，海岛上专门开辟出了一块地方来放羊不成？

“这是个什么地方？”我问兆民。

“天地会发源地。”

天地会？“平生不识陈近南，纵称英雄也枉然”，这是《鹿鼎记》中“天地会总舵主”陈近南的江湖地位——号令群雄，八面威风，而那“地振高冈，一派溪山千古秀。门朝大海，三河合水万年流”的接头暗号，更是令人血脉偾张。难道闻名天下的反清复明的秘密组织天地会真的起源于东山？

不对啊！记得那次参观完天地会在东山活动的遗迹九仙山石室之后，我是查过百度的：天地会起源于哪里。当时，我心里的小九九就

① 东山县委常委、副县长刘兆民。
② 东山县政协副主席刘炜丹。

是“保不齐是、最好是东山哦”。但百度也不是很确定，一会说云霄高溪庙，一会说诏安县官陂镇长林村，还有说平和的，但就是没提到“东山起源说”啊，怎么就突然冒出了一个“天地会发源地”呢？

去看看再说。

到了康美镇，我们先在镇政府喝了口茶，然后出发去“牧羊城”。我早已做好了“林间小溪水潺潺，坡上青青草”的心理准备，但没几分钟车子就停了下来，停在了一个貌似很繁华的乡村集市里，这是几个意思？

这就是“牧羊城”啊！哈哈，我已经看到了，原来是“木杨城”。

那么，为什么是“木杨城”而不是“牧羊城”呢？

原来呀，在明末清初，有一支反清复明的武装力量驻扎在这里，他们建了一个封闭而独立的城堡作为军事要塞，地点位于康美镇的康美村和美山村交界地带。在给城堡命名的时候，有麻烦了，康美村的林姓和美山村的杨姓都希望获得冠名权，并且为此争得不可开交，互

不相让。

为了平息这场争执，这支驻军的首领想出了一个折中妥协的办法，取康美村“林”字的一半和美山村的“杨”字，将城堡命名为“木杨城”。

问题来了，“木杨城”？“杨”还在，但“林”只剩一半了呀！

非也，拆出“杨”字的“木”偏旁和前面的“木”一起，刚好是“林”，双方都照顾到了，而且听起来朗朗上口，很有味道。

那么，这是一支怎样的驻军？为什么说这里是天地会的发源地呢？

先说说我的感受吧：不去不知道，一去吓一跳。

（二）

这支驻军和天地会有关，但和陈近南一点关系都没有，或者这样说吧，除了在金庸笔下以外，在真实的历史上，天地会和陈近南一点关系都没有。

崇祯年间，平和县小溪后巷少年张木削发为僧，这显然是一次不以修行为目的的出家，兵荒马乱中，张木和尚与堂兄张要（平和县小溪人）、郭义（诏安县官陂人）、蔡禄（云霄县下港尾人）等18人歃血为盟，结拜聚义，创立“以万为姓集团”，也就是说，从此以后兄弟们都姓“万”，老大张要叫“万礼”，张木因排行第五，人称万五和尚。

明朝灭亡后，郑成功退守东南沿海金门、厦门一带，坚持抗清斗争，清顺治七年(1650年)，万礼率众加入了这支抗清队伍，万五和尚也就跟着大哥常住铜山（东山）、厦门二地，其间，在诏安九甲草创长林寺，定法号道宗，自称“长林寺开山僧”，在康美港湾内修建了“木杨城”，作为万礼驻军之地。

1659年，万礼率军随郑成功攻打南京阵亡。一开始，入祀厦门忠臣庙，但第二年就因郑成功听信谗言而被撤去牌位，万姓集团和郑成功集团之间有了嫌隙。之后，当郑成功传万义和万禄二兄弟撤离铜山去台湾的时候，在道宗的策划下，二人率部叛郑降清。

1674年，“三藩”① 叛清，万禄暗中响应，被清廷杀于河南，株连甚众。万义回乡哭诉，道宗于是召集残余部众和佛教门徒，正式成立天地会秘密组织。至于成立的具体地点，有说在云霄高溪庙，有说在诏安官陂长林村。不过，对“木杨城”而言，这都不重要了，因为在成立天地会时，道宗法师遥尊“木杨城”为圣城。

圣城，向来是令人神往的。“世界若有十分美，便有九分在耶路撒冷”，耶路撒冷，是集犹太教、伊斯兰教和基督教三大圣城于一身的天下名城。再回忆一下八廓街头，到处都是磕长头匍匐朝圣的藏人，日光之城拉萨，是他们心目中无比崇高的圣城。

而对“木杨城”来说，如果只是道宗法师“遥尊”一下，只能说是体现了一种尊重的姿态。事实上，作为天地会的圣城，“木杨城”的

① 满清朝初年的“三藩”，是指三个割据一方的汉族藩王，即云南平西王吴三桂、广东平南王尚可喜、福建靖南王耿精忠。

重要性远远超出了我的想象。这也正是我感慨“不去不知道，去了吓一跳”的原因。那是什么呢?

情景再现一下洪门[1]开香堂吧。

时间：深更半夜

地点：荒郊野外

人物：里三层、外三层的江湖男人，持刀拿枪，威风凛凛

主题：洪门开香堂，即新人入会

场景：以竹插地，糊纸作门，或用桌椅搭制城门，称为“木杨城”

内容：“一条白布色本新，带在头上去招兵。忠心义气来到此，木杨城内伴明君”，伴随着主持人的唱词，入会者由此门进入“城”内，即为天地会兄弟

后来，“木杨城”被简化为开香堂时用的重要法器，木斗形状，上面写着“木杨城”，下面写着“木立斗世”，摆放在香案正中，象征着“木杨城”，三叩九拜后方可入会。

总之，虽然各时各地加入洪门的仪式不尽相同，但有一点基本原则是不变的，那就是必须经由“木杨城”，才能成为洪门人。所以说，“木杨城”是天地会的圣城，是所有天地会成员的精神皈依之处。所以说，和“木杨城”相比，天地会究竟是在哪个具体地点成立起来的，真的不是那么重要。

---

① 洪门即天地会，因创会之初屡遭清廷镇压，为保密起见不得不创立了一套复杂的“切口”和隐鱼，会众接头时自报家门。要说“原姓×，改姓洪”，天地会的“代号”也就成了“洪门”。但清廷密探很快知晓了该秘密，“洪门”也不再保密，因此又简称“三点会”“三合会”。“三点”“三合”，就是指“洪”字的三点水偏旁。孙中山在海外加入了洪门，整个辛亥革命过程中，海内外洪门会众抛头颅、洒热血，捐款捐物，作出了不可磨灭的贡献。中国大陆的致公党也是由近代天地会在海外的分支发展而来，20世纪初成立于美国。

1953.7.16

14

蝴蝶效应

难不成，我这一年的海岛生活，也是『蝶岛』的一个『蝴蝶效应』？

《金刚川》的热映再一次把朝鲜战争带入了公众视野。抗美援朝，是我国百年来以最强军力抗击多国部队取得胜利的战争，为新中国成立后数十年和平环境提供了保障，至今依然余威尚存！但无论如何，这也是一场牺牲了197653名志愿军战士的战争，是一个民族的沉痛记忆。

由于我的父亲是一名志愿军战士，所以我对这场战争的感情格外不一样，但我万万没想到，这场战争的结束，与东山岛有着密不可分的联系。

东山岛的自然形状很像一只蝴蝶，人们由此赋予她一个美丽而富有情调的名字——“蝶岛”但令人想不到的是，东山岛这只“蝴蝶”扇动翅膀，带来的一个“蝴蝶效应”，竟然是朝鲜战争的结束。

那天在樟塘镇湖尾村“战地文化园”，东山保卫战打响第一枪的地方，村里的一位姑娘介绍这场战役——东山保卫战，这是蒋介石退台后发动的最大一次“反攻”，由国民党陆军二级上将、金门防卫司令胡琏指挥。

1953年7月16日，驻金门的国民党第19军第45师等1万余人突然攻打东山岛，在这场战争中，国民党动用了伞兵与陆海空三军，第一次三军联合立体作战，最终以国民党惨败告终。战斗结束后，毛主席说：“东山战斗不光是东山的胜利，也不光是福建的胜利，这是全国的胜利！”

这当然是十分鼓舞人心的，但我更为之振奋的是，姑娘提到了一个信息——东山保卫战使国民党突袭福建沿海以牵制在朝鲜战场上的志愿军的企图彻底失败，于是，1953年7月27日，东山保卫战结束9天后，朝鲜战场交战双方在停战协定上签字，朝鲜战争停战。

之所以振奋，就是因为我父亲曾经参加过抗美援朝战争，他是在1956年入朝的，担任志愿军34师409团指挥连政治指导员。姑娘的信息马上让我想到了一个问题：如果没有东山保卫战的胜利，如果朝鲜战争旷日持久，如果父亲赴朝后参加了前线作战，结果会怎样呢？还会有若干年后我在东山岛上的这一番感慨吗？

难不成，我这一年的海岛生活，也是“蝶岛”的一个“蝴蝶效应”？想想都觉得“世事茫茫难自料”啊！

东山保卫战结束后，从1961年开始，解放军战士用两年的时间在这场战役的第一个战场，也就是打响第一枪的湖尾山建起了一个军事战略工事，战壕沟和铁丝网环绕整个山头，有20多个碉堡，工事的地道部分则掏空了整座山，里面观察哨、作战室、会议室、报务室、军械库、战备井、厨房、厕所、手术室，应有尽有，幽暗、曲折地分布在山体里面。

后来，硝烟散去，在这里驻扎的连队战士们被撤走，再后来，我从千里之外来到这里，就像一个普通的游客一样，徘徊在这个蜿蜒的地下空间，恍若置身于一个想不到的世界。

厦门航空 XIAMENAIR

15

他乡？故乡？

对闽南人而言，『年深异境犹吾境，日久他乡是故乡』这句诗再贴切不过，对所有人而言，也大抵如此吧。

很久很久以前，养尊处优的中原人是不讲“人类命运共同体”的，他们把周边的族群轻蔑而鄙夷地称为“东夷”“西戎”“南蛮”“北狄”，闽南地区，就是所谓的“南蛮”之地。

从什么时候开始不是了呢？

陈元光开漳。

陈元光，河南固始人，“官二代”，他父亲陈政是唐高宗时期的归德将军，从三品，差不多副部吧。公元 669 年，泉潮间的蛮獠造反，陈政临危受命，以岭南行军总管的身份，率领 3600 名府兵、123 员战将，从固始出发，南下入闽平乱，当时 13 岁的陈元光也随军南下。

南下的道路是曲折的，比如，绕不过去的“蛮獠之区，瘴疠之地”的水土不服。再比如，两位胞兄率领府兵及军眷 5000 多人“尽室南来”支援陈政，却在行军途中相继病逝，等等。但前途是光明的，两位胞兄去世后，陈政 75 岁高龄的母亲魏太夫人将援兵带到了九龙山，使唐军军威大振，一举取得九龙山大捷，之后，连克 36 个蛮獠山寨，取得了平乱的决定性胜利。

公元 677 年，陈政卒于云霄，埋骨将军山。21 岁的陈元光子承父业，执掌帅印，并很快被武则天任命为泉潮间新设之郡——漳州的首位刺史，拉开了历史上极富盛名的“陈元光开漳”的序幕。

“陈元光开漳”近 40 年间，开科选才，屯垦荒田，兴办教育，和亲通婚，区域自治（唐化里），中原文化与闽越文化迅速融合。漳州也很快从不毛之地变成了“插根筷子会发芽”的富饶之地，以至千年之后的“毛泽东进漳”，很快就筹集到了 100 多万元巨资，不仅为第四次反“围剿”斗争准备了经费，为中央银行的建立奠定了基础，也为再一次确立毛泽东在党内的领导地位奠定了基础。

清乾隆年间，陈元光被追封为“开漳圣王”，登上神坛，从此，“开漳圣王”成为闽台地区重要的民间信仰之一，成为两岸共同信奉的神祇。

一千多年来，来自中原的陈元光及其 87 姓府兵的后裔在闽南地区落地生根，成为日后漳州、泉州、潮汕地区的主要人口成分。唐以后，开漳后裔更是不断向台湾、香港和东南亚地区迁徙，以台湾为例，有数据显示，台湾现有居民大约 80% 来自福建，其中 70% 是从闽南移民过去的。

这也是为什么今天的闽南语反而是保留最完整的唐朝时期普通话的原因。“开漳”的中原人留在了闽南，保留了原始的中原文化，而中原地区，却在千年的岁月流转和朝代更迭中不断变迁，以至于今天，中原文化与唐朝时期已大不相同。

所以说，对闽南人而言，“年深异境犹吾境，日久他乡是故乡”这句诗再贴切不过，对所有人而言，也大抵如此吧。

16

一色

多年之后，我站在下西坑的鱼排上看夕阳西下，天地之间，海天一色，千帆过尽，余晖脉脉。

落霞与孤鹜齐飞，秋水共长天一色。

我一直以为，王勃在《滕王阁序》中的这一千古名句，是水天相接的最美境界，上一次有这样的审美感受，还是在阿玛拉普拉古城的乌本桥。这是一座170年栉风沐雨的柚木桥，也是一座享誉世界的“爱情桥”，太阳下山前我们赶过去，夕阳洒在东塔曼湖上，我们坐在桥边，看水天一色。

登山则情满于山，观海则意溢于海。无论是刘勰的《文心雕龙》，还是西方格式塔心理学，都在强调着“天人合一”的异质同构特点。所以，这一次，恰立秋时节，当我来到海边看落日，那海天一色的景象，却带给我全新的审美体验，这种感受，远不是“秋水共长天一色”所能表达的。

那是因为，我脚下的位置，既不是滕王阁所倚的赣江，也不是乌本桥下的东塔曼湖，而是更加宽广更加澄澈的南海。天空没有一丝云彩，海水像蓝天一样湛蓝，寰宇光芒璀璨，海面光辉闪耀，快艇划过海面的那一瞬，恍惚有梦幻天堂的终极之感，不过如斯吧。

如此看来，“秋水共长天一色”小家碧玉了些，书佳[①]说，海边长大的人胸襟更加开阔。必然如此啊，在波澜壮阔面前，若草芥，似微尘，要怎样？！

书佳又说，那您发朋友圈的时候得说清楚这是哪里！好，既然你这么任性，我还是从了吧。

这个村子，叫下西坑村，今天，这里的人们靠海吃海，小日子过得十分滋润，但即便是从名字里面都可以看得出来，当年，这里的自然条件是多么的坑坑洼洼。明清年代，随着造船技术的发展，当时的东南沿海地区，也随之出现了一种十分特别的“职业”——海盗，而下西坑村，因为与海毗邻，自觉不自觉地，就成为了海盗村。

而若是提到“海盗”，我们自动脑补的，一定是横行无忌、烧杀抢掠、无恶不作，一定是传奇、魔幻、神秘甚至有些诡异的气氛。所以，不难想象，在某个历史空间里，在这个被称为海盗村的下西坑村，一定发生过各种各样生离死别、跌宕起伏、充满戏剧性的故事。

多年之后，我站在下西坑的鱼排上看夕阳西下，天地之间，海天一色、千帆过尽、余晖脉脉。

（需要说明的是，这篇文章是我来东山后写的第一篇小散文，也因此，激发了我写作的兴趣，并有了后来的一系列文章。所以，虽然这篇文章的内容略显单薄，我还是把它选入了书里，以纪念那一刻内心生发出来的创作冲动，以及此后贯穿挂职期间的颇为艰辛的写作过程。）

---

① 漳州市团委副书记刘书佳，时任东山县前楼镇党委书记。

后　记

出书对我来说并不陌生，如果加上主编的那本《危机沟通》，这已经是第 10 本书了，但从来没有像现在这样，在写后记的时候，满脑子都是遗憾。

文挺①常委说，写东山，对台和过番这两个部分你应该写写；良海②说，四年多了，确实有很多感悟，要坐下来，慢慢聊；松峰说，“天地会”对于关帝文化在世界的传播发挥了很大的作用，应该挖掘一下。

除了这些，我自己想写的还有很多。比如东山的海鲜——在东海和南海交界处生长的丰富多样独一无二的美味；比如鱼骨沙洲——一个孤悬于大海之中，随潮起潮落不断变幻的沙洲；再比如铜山古城——那里有着这方水土最早的似水流年、人间繁华……我想写写东山的过去，想知道这个小岛怎样从历史深处走来；我想写写东山的现在，同步记录小岛正在发生的那些变化；我还想写写东山的未来，畅想美丽的蝶岛蜕变的各种可能……

但是，都来不及了，时间窗口就这样匆匆关闭了，东山岛，我必须和你说再见了。

这一句说出口，泪雨滂沱。

---

① 东山县委常委朱文挺。

② 东山县政协党组成员，时任东山县陈城镇党委书记陈良海。

记忆深处的大山，巍峨高耸、绵延不断、重峦叠嶂、险峻挺拔，见证了我的成长，承载了我的青春。而这一年挂职，我来到东海和南海交汇处的小岛上，无垠的大海、奔涌的海浪、蔚蓝的天空、明媚的阳光、清澈的海水、洁白的沙滩、古老的渔村、美味的海鲜，建构起了一个与过去的生活经验完全不一样的世界，令人难以忘怀。

义兴说，你在东山遇到的，是真诚之人、感人之事、亲人之情和漂亮之景。没错，那些人和事，那些情和景，怎能忘记？

仅以这本书的写作而言，有一个结论是成立的。那就是，如果没有松峰和雪萍的帮助，本书的质量一定会大打折扣。那些过程中的点点滴滴，都在心里。泰伟书记和键鹏县长不断鼓励我写作，李斌副书记①等其他班子成员也经常为我加油鼓劲；义勇部长②和艺杰检察长③陪我去澳角调研，兆民常委④带我去康美考察木杨城，春燕副主席⑤在小长假去单位为我找资料，鸿超主任⑥说关帝庙抽签的程序应该再核实一下，毓睿⑦则不止一次在融媒体中心的图库里为文章找配图；而最最难忘的，还是我笔下的东山人——林峰、林华彪、林松峰、林亚民、许玉冰、李利勇、刘宽宽、黄继明，他们有信念、有执着、有奋斗、有拼搏、有智慧、有创造、有成功、有挑战、有温情，更有爱，是一组群像，构成了这个世界，反映了东山岛上真实的社会关系、生动的人物命运、丰富的现实图景和广阔的时代画卷。

特别要感谢家人，尤其是先生的支持和付出，让这一年成为我生命中特别重要的一段经历，不可磨灭的一段记忆；感谢鹿儿，好吧，

---

① 东山县委副书记李斌。

② 东山县委常委、组织部部长沈义勇。

③ 东山县人民检察院检察长许艺杰。

④ 东山县委常委、副县长刘兆民。

⑤ 东山县政协副主席许春燕。

⑥ 东山县委办主任翁鸿超。

⑦ 东山县融媒体中心主任林毓睿。

我承认，我是在拍照，而你，是在摄影，独特的视角、有意味的画面，在这个读图时代为本书在视觉上增添了光影变化的灵动韵味。而在那些写不下去的时刻，找姑娘聊聊，确实可以得到启发，如此，胜于蓝，令人欣慰。

感谢我的工作单位中共中央党校（国家行政学院），为我提供了这样一个海岛挂职的机会；感谢东山县委和谷文昌干部学院，在这一年里，为我创造了一个田野考察的最佳位置和温暖如家的生活环境。

感谢谢伦，一如既往地支持我的文字出版；感谢陈科和陆夏，不厌其烦磨佳作，运斤成风出精品；感谢于雷和申菲，在文与图的均衡中建构了秩序，突出了主题，增强了美感。

感谢东山，我的第二故乡。

王彩平

2021 年 6 月于东山岛